ZHONGGUO ZHANLUEXING XINXING

JINRONG ZHICHI XIAOLYU CEDU JI YINGXIANG … NJIU

中国战略性新兴产业
金融支持效率测度及影响因素研究

刘正桥◎著

中国纺织出版社有限公司 | 国家一级出版社
全国百佳图书出版单位

内 容 提 要

金融支持的力度和效率是战略性新兴产业蓬勃发展的基础，也是决定一个产业繁荣程度的关键。本书以中国战略性新兴产业金融支持效率为研究对象，综合运用系统性、差异性的指标构建与测度方法，通过多维度、全方位的对比分析和大样本检验，系统论证了战略性新兴产业金融支持效率提升路径。本研究对推动我国产业整体升级和经济增长有重要理论意义，对政府部门政策制定、市场金融资源配置能力提升及公司管理层融资渠道决策也具有一定的现实参考价值。

图书在版编目（CIP）数据

中国战略性新兴产业金融支持效率测度及影响因素研究 / 刘正桥著．—北京：中国纺织出版社有限公司，2019.10 （2020.9 重印）

ISBN 978-7-5180-6789-3

Ⅰ．①中… Ⅱ．①刘… Ⅲ．①新兴产业－产业发展－金融支持－研究－中国 Ⅳ．① F269.24

中国版本图书馆 CIP 数据核字（2019）第 221496 号

策划编辑：陈希尔　　　　责任印制：储志伟

中国纺织出版社有限公司出版发行
地址：北京市朝阳区百子湾东里A407号楼　邮政编码：100124
销售电话：010-67004422　传真：010-87155801
http://www.c-textilep.com
E-mail:faxing@c-textilep.com
中国纺织出版社天猫旗舰店
官方微博 http://weibo.com/2119887771
北京虎彩文化传播有限公司印刷　各地新华书店经销
2019年10月第1版　　2020年9月第4次印刷
开本：710×1000　1/16　印张：15.375
字数：212千字　定价：88.00元

摘 要

党的十九大报告明确提出："着力加快建设实体经济、科技创新、现代金融、人力资源协同发展的产业体系。"加强金融支持战略性新兴产业发展，是落实"高质量发展"要求、加快培育新增长点、形成新动能的关键环节。培育和发展战略性新兴产业是一个包含技术支持、金融支持和管理支持等在内的系统性工程。金融作为现代社会经济发展的动脉，尤其对战略性新兴产业发展起着核心的支持作用。金融支持的力度和效率是战略性新兴产业蓬勃发展的基础，是决定产业繁荣程度的关键。本书立足于我国当前社会经济结构的现实状况，深入研究金融支持在产业培育及其产业链延伸过程中的效率及其作用规律，积极探寻充分发挥金融支持能动性的具体对策和实施路径。论文研究结论及对策建议将对助推我国战略性新兴产业的培育与发展，进而推进社会经济升级转型具有十分重要的理论和现实意义。

本书对战略性新兴产业金融支持效率进行系统性研究，研究内容涵盖理论基础、模型构建、实证分析和政策建议等。在理论基础部分，首先总结和归纳战略性新兴产业的系列特征，阐明战略性新兴产业金融支持的特殊性，结合金融支持产业升级的常规机理，推导金融支持战略性新兴产业的作用机制；通过政策性金融支持、系统性金融支持、市场性金融支持角度对金融支持概念进行了拓展分析，并结合效率概念，将金融作为一种资源，对金融支持效率进行了界定。其次基于“供给引导”和“需求跟随”等两种不同的经济增长与金融发展的关系理论，探讨了金融引导对产业发展升级的重要推动作用；阐述了金融中介和金融市场两个主体从资本形成、风险分散和激励约束视角对战略性新兴产业金融支持的作用机制。最后梳理了影响金融支持效率的关键内外部因素，其中内部因素主要包括融资规模和资本成本，外部因素主要是公司结构、竞争结构、股权结构和资本结构。

在模型构建部分，采用将效率测度结果与效率影响因素相结合的研究范式，把 DEA 模型与 Tobit 模型相结合，引入 DEA 方法测度金融投入对战略性新兴产业样本上市公司的支持效率。基于 DEA 测度的金融支持效率结果作为 Tobit 模型的因变量，以分析战略性新兴产业金融支持效率的影响因素。该部分详细介绍了 DEA 模型测度金融支持效率投入产出指标以及 Tobit 模型测度的影响因素指标的选取。

在实证研究部分，一是基于 DEA 模型对战略性新兴产业金融支持效率进行测度和分析。具体包括：基于时间特性和空间特性下的金融支持效率测度和分析；战略性新兴产业公司在股权融资和债权融资等不同方式下的金融支持效率的对比分析；战略性新兴产业公司在主板、中小板和创业板三个不同市场上市的效率测度结果剖析及其在股权融资和债权融资方式下三个板块金融支持效率的对比分析；战略性新兴产业中的节能环保、新一代信息技术、生物、高端装备制造、新能源、新材料和新能源汽车等七大领域针对性的金融支持效率测度和分析。二是基于 Tobit 模型对战略性新兴产业金融支持效率影响因素进行假设和验证。研究结论表明，成立年数和市场竞争对金融支持效率显著为正，公司规模和资产负债率对金融支持效率显著为负，而股权集中度、股权制衡度对金融支持效率有一定的正向影响。

基于实证分析的结果，本书认为要提升我国战略性新兴产业的金融支持效率，必须通过采取包括构建市场和政府协同作用的金融支持体制和服务体系、推进与区域协调发展战略相匹配的政策性金融支持政策、完善多层次资本市场体系和股权融资效率提升渠道、创新信贷和债券业务及推进资本项目的开放和外资的有效驱动等在内的全方位举措来实现。

关键词：战略性新兴产业；金融支持效率；股权融资效率；债权融资效率；DEA

Abstract

Report of the 19th CPC National Congress clearly put forward the proposal "accelerating the coordinated industrial system of the real economy, technological innovation, modern finance and human resources.

Strengthening financial support for the development of strategic emerging industries is the key link to implement the requirements of "high quality development" , to speed up the cultivation of new growth points and to form new kinetic energy. The cultivation and development of strategic emerging industries is a comprehensive systems engineering including financial support, resources support, technical support and management support, and other support factors. As one of arteries of the modern economic development, finance plays a fundamental and core supporting role in the development of strategic emerging industries. Financial support is the basis for the prosperity and development of strategic emerging industries and the key to determine the degree of industrial prosperity. Based on the current situation of China' s social and economic structure, this paper studies the efficiency and role of financial support in the process of industrial cultivation and industrial chain extension, and actively explores specific strategies and implementation paths to give full play to financial support. The research conclusions and suggestions will be of great theoretical and practical significance for promoting the cultivation and development of China' s strategic emerging industries, and further promoting the transformation and upgrading of social economy.

This paper makes a systematic research on the financial support efficiency of strategic emerging industries, which includes theoretical basis, model building, empirical analysis and policy recommendations. In the theorical part, this paper firstly turns to summrise and sum up the characteristics of strategic emerging industries, to clarify the particularity of financial support for strategic emerging industries. Compared with the the conventional mechanism of financial-support industrial upgrading, this paper deducts the mechanism of financial-support strategic emerging industries. Through the expanding analysis of financial support policy, systematic financial support, marketal financial support and the conception of effeciency, the paper define the idea of financial support efficiency. Secondly, based on the "supply leading" and "demand following" , two kinds of economic growth and financial development theory, this paper discusses the important role of financial guidance to the upgrading of industrial development, and expounds the financial support mechanism from the points of capital formation, risk dispersion and incentive constrains. Finally, the paper combs the key internal and external factors that affect the efficiency of financial support. Internal factors include financing scale and capital cost, and the external factors mainly consist of the company structure, competition structure, ownership structure and capital structure.

In the part of model building, the DEA method and Tobit model are combined to measure the support efficiency of financial input on sample companies of strategic emerging industries. The results of the financial support efficiency based on the DEA measure are the dependent variables of the Tobit model to analyze the influencing factors of the financial support efficiency of the strategic emerging industries. This part introduces the DEA model to measure the input-output index of financial support efficiency and the selection of the influencing factors of the Tobit model.

As for empirical research, we firstly measure and analyze the financial support efficiency of strategic emerging industries based on the DEA model. Specifically, this paper measures the efficiency of financial support based on spatial characteristics and temporal characteristics analysis of strategic emerging industries in the company; equities financing and debt financing in different ways under the financial support efficiency comparison; efficiency measurement results of strategic emerging industries listed companies in three different market board, small board and gem analysis and comparison in equity financing and debt financing under three sector financial support efficiency; strategic emerging industries in energy saving and environmental protection, new generation information technology, biotechnology, high-end equipment manufacturing, new energy, new materials and new energy vehicles and other seven areas for efficiency measurement and analysis of financial support. Then, based on the Tobit model, the paper assumes and verifies the factors affecting the financial support efficiency of strategic emerging industries. The results show that the established number of years and market competition is significantly positive for financial support efficiency, and corporate size and asset liability ratio are significantly negative for financial support efficiency, while ownership concentration and equity balance have a positive impact on financial support efficiency.

Based on the empirical results, this paper holds a view that in order to improve the efficiency of financial support of strategic emerging industries in China, measures must be adopted including the construction of the market and the government synergy financial support system and service system, policy to promote regional coordinated development and the matching strategy of financial support policies, improve the multi-level capital market system and the efficiency of equity financing promotion channels, innovative credit and bond business and promoting the opening of capital projects and foreign investment, and so on.

Key words: Strategic emerging industry; Efficiency of financial support; Efficiency of equity financing; Efficiency of debt financing; DEA

目 录
CONTENTS

第 4 章 中国战略性新兴产业金融支持效率的测度方法及指标选取

第 5 章 中国战略性新兴产业金融支持效率实证：以上市公司为例

插图索引

附表索引

第1章

绪 论

1.1 研究背景与意义

1.1.1 研究背景

2008年金融危机导致世界经济增速急剧下滑，国际环境剧烈震荡，全球经济从此走进危机后的震荡调整时期。为摆脱危机困扰，保持或创立自身在国际经济竞争中的优势，各国纷纷在努力寻求新的经济增长点。在此背景下，一系列新兴产业成为各发达国家和新兴经济体的重要目标和战略选择。中国政府在面临经济放缓和结构改革的关键时期，也将发展新兴产业提升至战略高度，将“战略性新兴产业”的概念列入发展纲要。中国经济快速持续发展之路在于通过科技创新和产业结构调整进入经济产业链的高附加值环节。因此，中国政府积极鼓励培育和发展战略性新兴产业，以此激发经济发展的内生动力，实现经济跨越式发展。然而，一方面，战略性新兴产业本身具备的特点以及融资现状对该产业的发展壮大凸显出了一定的融资制约问题；另一方面，“服务实体经济是金融的本分”、“鼓励金融机构加大对先进制造业等领域的资金支持，推进供给侧结构性改革”、“金融要把为实体经济服务作为出发点和落脚点，全面提升服务效率和水平，把更多金融资源配置到经济社会发展的重点领域和薄弱环节”①。鉴于此，作者选择了“战略性新兴产业金融支持效率测度及影响因素研究”这一主题，依托所主持的教育部人文社会科学研究青年课题《基于效率视角

① 引用部分参见2017年7月14–15日全国金融工作会议相关报道和中国国家主席习近平同志的相关讲话内容。

的金融支持战略性新兴产业发展研究》（批准号：12YJC790129），以战略性新兴产业上市公司为样本进行了尝试性探索。

全球金融危机以来，发展新兴产业成为世界各国经济复苏的战略手段和重要选择。中国政府为应对国际金融危机带来的冲击，加快经济结构调整，提出了“战略性新兴产业”发展战略。为开创领先优势，抢占未来经济发展和科技发展制高点，中央政府及其职能部门自上而下为战略性新兴产业的发展出台了一系列支持政策，以加快产业培育和发展。

1. 战略性新兴产业的政策支持

“战略性新兴产业”这一中文术语最早出自于2009年9月时任国务院总理温家宝《让科技引领中国可持续发展》的主题演讲。2010年10月，国务院颁发《加快培育和发展战略性新兴产业的决定》，界定了战略性新兴产业涵盖七大产业：节能环保产业、新一代信息技术产业、高端装备制造产业、生物产业、新能源产业、新材料产业和新能源汽车产业。《决定》同时明确了培育发展战略性新兴产业的主要任务和扶持发展政策，即强化科技创新、积极培育市场和深化国际合作。相应的扶持发展政策主要涉及加大财税金融等政策扶持力度、设立战略性新兴产业发展专项资金、制定促进战略性新兴产业发展的税收支持政策、鼓励金融机构加大信贷支持、大力发展创业投资和股权投资基金等五个方面。

2012年7月，国务院印发《“十二五”国家战略性新兴产业发展规划》，提出“发展多层次资本市场，拓宽多元化直接融资渠道”用于金融支持战略性新兴产业发展的措施。2016年《“十三五”国家战略性新兴产业发展规划》进一步要求加大金融财税支持，“提高企业直接融资比重”“加强金融产品和服务创新”以及“创新财税政策支持方式”等。

从一系列文件的颁布到政策举措的推出，无一不体现出国家在战略层面和政策层面对培育发展我国战略性新兴产业的迫切期望和坚定决心。然而，培育和发展好战略性新兴产业是一个需要各级政府、企业、各类金融机构以及社会各界相关者齐心协力、协调配合的系统工程。在国家政策支持的背景下，研究我国战略性新兴产业的金融支持及有效程度，进而提出实质性的解决对策，是一个亟待解决的课题。

2. 战略性新兴产业金融支持的困境

培育发展战略性新兴产业的关键是要具备有助于产业调整与科技创新的体制机制。在现实经济发展中，金融资源作为最基本的战略性稀缺资源和对生产要素优化组合的重要资源配置工具，对产业调整和社会经济生活的各面向都发挥着广泛而关键的作用。一个国家所建立的金融体系如果功能完备且运行高效，不但能够发挥投融资功能，而且具备风险分散、价格发现和激励约束等功能，可以有效地为战略性新兴产业发展提供创新驱动，为其发展保驾护航。可见金融资源能否得到高效创新配置成为解决战略性新兴产业发展难题中的重要命题。

近年来，金融机构积极响应产业政策号召，采取各种措施，为培育发展战略性新兴产业提供了融资支持，在很大程度上改善了战略性新兴产业的融资环境。一是各大商业银行率先做出调整，提高其对新兴产业贷款投放额度，并积极探索成立科技银行，以独立创新的信贷政策专门扶持中小型科技企业的成长。二是证券机构积极推动多级资本市场体系构建，拓宽战略性新兴产业直接融资渠道。尤其是创业板，战略性新兴产业上市公司比例不断提升。三是保险行业努力推动战略性新兴产业中小企业承保模式创新，尝试建设研发保险补偿机制，推进科技企业保险的有效实施。

战略性新兴产业的培育和发展需要持续而巨额的资本资源投入，虽然国家政策支持和金融机构的支持使得其发展境况有一定程度改善，但其融资困境并未从根本上发生改变，问题并没有得以真正解决，因为健全的战略性新兴产业的金融支持系统并未建立。除国家政策支持和金融机构的支持外，迫切召唤与战略性新兴产业融资特性相匹配的市场性金融支持的参与。

从现实情况来看，我国战略性新兴产业所获取的金融支持主要依托于政策性资金支持、企业自有资金支持和银行信贷资金支持，部分企业能够成功上市获取直接融资。而风险投资、私募股权等市场化融资方式受体制及各种因素制约未对中国战略性新兴产业的发展起到支持作用，金融支持效应不明显。

此外，我国战略性新兴产业所面临的融资困境还体现在：第一，间接融资方面，银行贷款对中小型战略性新兴产业企业的门槛高。一方面，银行等金融机构的主要金融产品和金融工具主要是面向盈利能力较强的大中型企业，供战略性新兴产业中小企业选择的金融工具和服务十分缺乏；另一方面，金融机构为了尽可能降低资金风险，需要贷款申请企业提供足够价值的抵押物，同时尽可能缩短贷款期限。而战略性新兴产业处于初期发展阶段，大部分无法提供足额的担保，很难获得银行信贷支持。第二，直接融资方面，大部分战略性新兴产业企业自身实力有限，难以达到资本市场上市要求，无法通过资本市场融资发展。可见，间接融资和直接融资渠道均受阻的现实使得战略性新兴产业发展面临融资困境，也造成其缺乏资金支持保障，制约了其整体发展的步伐。

1.1.2 研究意义

党的十九大报告提出："着力加快建设实体经济、科技创新、现代金融、人力资源协同发展的产业体系……创新是引领发展的第一动力，是建设现代化经济体系的战略支撑。"作为实体经济的组成部分、科技创新的重要载体，战略性新兴产业能否得到现代金融的有效支持，是建设现代化经济体系的关键所在。破解战略性新兴产业发展所面临的融资困境，提升战略性新兴产业发展的金融支持效率，是助推我国战略性新兴产业发展乃至推动我国产业整体升级发展和经济增长的一个重要课题。本论文的研究显然具有重大的理论意义与紧迫的现实意义。

1. 理论意义

培育和发展战略性新兴产业已经成为促进中国经济内生增长和产业结构转型的重要举措，也是未来世界经济的主要风向标。世界各国为了取得未来经济的先发优势，均相继针对战略性新兴产业制定了适合各国国情的发展战略。战略性新兴产业的发展离不开技术创新和金融支持，而技术创新也存在巨大的资金缺口，更离不开金融支持。目前，中国战略性新兴产业大多处于成立期，核心技术缺失及缺乏自主创新能力，导致市场竞争力低，但这更应迎难而上，主动与国际接轨，向高水平迈进。而技术创新研发和市场竞争能力的提升不仅在于资本的大量投入，还在于资本的有效配置。金融支持效率就是衡量我国资本市场完善程度和金融资源配置是否有效及有效程度的重要标尺。本书基于金融发展、经济发展、产业发展等理论，结合我国国情、资本市场建设、战略性新兴产业发展等现实情况，研究战略性新兴产业的金融支持效率，准确测度我国战略性新兴产业的金融支持效率，有利于更好地提炼出提升战略性新兴产业的金融支持效率的路径，从而进一步拓宽战略性新兴产业发展理论与金融发展理论，对推动我国新时代产业整体升级发展和经济增长均有重要理论意义。

2. 现实意义

企业资本配置效率作为衡量市场经济运行水平的重要指标，对于优化区域行业结构、推动经济社会发展具有积极意义。提高战略性新兴产业金融支持效率是解决国家货币供应量紧缩与产业发展资金需求之间巨大矛盾的关键。培育和发展多层次资本与金融市场，开拓新兴产业上市公司融资渠道，一定程度上满足了战略性新兴产业公司发展的资金需求，但上市公司“重筹资，轻使用”的盲目融资行为，导致募集资金过剩，资金闲置，并随意变更资金投向，甚至存在资金违规占用和挪用现象。

由于上市公司金融支持效率缺乏可依照的技术和标准，企业进行融资决策时，仅能依靠经验或案例进行主观判断，也造成企业选择融资来源的非理性行为。本书通过二阶段 DEA-Tobit 实证方法，以期客观准确测度我国战略性新兴产业的金融支持效率，进而针对性提出金融支持战略性新兴产业发展的对策建议。本论文的研究结论与成果无论是对政府部门政策的制定，还是对市场金融资源配置能力的提升，抑或是对公司管理层融资渠道的决策均具有一定的现实参考意义与社会实践价值。

1.2　研究综述

战略性新兴产业（Strategic Emerging Industries）的概念是由中国首创，目前国外尚无直接的相关文献，但是它类似于国外在后危机时代新兴产业的概念。对国内外新兴产业金融支持相关理论研究成果进行梳理分析，有利于研究思维的拓展，论文研究工作的推进。

1.2.1　关于金融支持新兴产业培育的作用研究

新兴产业的培育和发展首先要破解融资瓶颈，而来自金融领域的支持正是解决融资困难的关键环节。Elton 等（1977）指出，落后公司若想获得新的利润增长点，需要逐步将资源投入新兴产业，且关键在于如何选择最优金融支持模式①。Horvat 等（2007）进一步研究了金融支持方式的选择对于某一新兴行业发展的重要意义，提出应综合考虑以平衡现在和未来的利益关系②。Yang 等（2010）指出金融支持有利于推动高新技术行业的发展，且金融支持结构的不同对行业发展效率的高低有着决定性作用③。

对于国内学者而言，研究战略性新兴产业的培育和发展，是我国结构

---

① Elton E J, Gruber M J.Optimal Investment and Financing Patterns for a Firm Subject to Regulation with a Lag.Journal of Finance，1977，32（5）：1485–1500.

② Horvat R，Vurdelja J，Amidzic M.Road Infrastructure Financing Models.Promet–Traffic & Transportation，2007，19（6）：401–408.

③ Liuyong Yang，Shensheng Mo，Anqi Zhou.The Financial Structure and High– Tech Industries Development in China.2010 ISECS International Colloquium on Computing，Communication，Control and Management，2010.

改革和产业升级的不断推进背景下的重要课题。与这一现实背景相呼应，国内研究重点论证了金融在战略性新兴产业培育和发展中的重要地位。郑婧渊（2009）以高科技产业为例阐释了金融支持的作用，强调需通过金融政策、信贷支持、证券融资等一系列金融手段来夯实高科技产业顺利发展的经济基础[①]。熊良俊（2010）依托深圳银行业现状，从事先金融规划、因势利导、全程关注、平台对接、严控风险和政策倾斜等多个角度展开分析，提出了"以金融为杠杆助推战略性新兴产业腾飞"的思路[②]。

遵循类似的思路，国内学者从更细致的角度分析和总结金融支持在战略性新产业培育和发展中的作用。顾海峰（2011）以"发展规模"和"发展潜力"两个维度将战略性新兴产业发展业态进行划分，即新兴性产业、主导性产业、一般性产业和支柱性产业，并提出了直接融资和间接融资的支持措施[③]。叶生新（2012）、马军伟（2013）、常建新（2013）、刘继兵（2014）、李富有（2014）等也分别从不同阶段战略性新兴产业融资需求的差异性、必然性、共生性等角度强调了金融支持对于战略性新兴产业发展的重要意义[④~⑧]。

---

① 郑婧渊.我国高科技产业发展的金融支持研究.科学管理研究，2009,(5):102–103.

② 熊良俊.以金融为杠杆助推战略性新兴产业腾飞.金融时报，2011–1–10（11）.

③ 顾海峰.战略性新兴产业培育、升级与金融支持.改革，2011，(2)：29–34.

④ 叶生新，李绍华.金融创新与战略性新兴产业融合发展路径研究.改革与战略，2012，(8)：31–38.

⑤ 军伟.金融支持战略性新兴产业发展的必然性与动力研究.当代经济管理，2013，(1)：40–48.

⑥ 建新，邵展翅.金融助力战略性新兴产业发展的路径.光明日报，2013–12–09.

⑦ 继兵.科技金融助推战略性新兴产业发展.光明日报，2014–03–19.

⑧ McKinnon R I.Money and Capital in Economic Development.Brookings Institution Press，1973.

1.2.2 关于战略性新兴产业金融支持的主体及角色定位研究

金融支持在新兴产业培育和发展中的重要作用，受到国内外学者和社会各界的普遍认同，那么，哪一主体应承担起金融支持的重任？梳理国内外相关文献不难发现，政府及其行为成为战略性新兴产业金融支持的主体研究是重点。

国外比较有代表性的研究大多从产业政策角度分析政府的金融支持行为，如 R.I.Mckinnon and E.S.Shaw（1973）提出了金融中介理论[①~②]，研究了金融发展与经济增长的相互关系，研究结果显示，政策性金融对经济发展有正向促进作用。Berry 等（2009）总结了以色列政府在本国战略性新兴产业发展方面所提供的金融支持，如减少企业融资难度、政府信用担保、建设国内风投市场、鼓励外资投入等[③]；Wonglimpiyarat（2010）以加拿大政府为例，证明了政府所采取的产业政策和激励政策对风险投资市场构建发挥显著作用[④]，等等。

国内研究更倾向于研究政府这一金融支持主体在战略性新兴产业发展中的引导性角色及其定位，侧重探讨政府在金融支持领域的机制设计和体制创新。姜大鹏（2010）研究发现现阶段中国战略性新兴产业培育和发展资金缺口大，且战略性新兴产业企业的融资渠道窄，建议政府改进创新投

---

① Shaw E S.Financial deepening in economic development.London：Oxford University Press，1973.

② 富有，尹海凤.金融支持与我国战略性新兴产业发展实证研究.科技进步与对策，2014，(15)：35−41.

③ Berry O，Grayeff Y.Emerging markets Israel's technology industry as an economic growth engine.Communications of the ACM，2009，52(12)：25−27.

④ Wonglimpiyarat J.Venture capital management towards the leading biotechnology centre of Canada.International Journal of Technology，Policy and Management，2010，10(4)：360−374.

⑤ 姜大鹏，顾新.我国战略性新兴产业的现状分析.科技进步与对策，2010，(17)：65−70.

融资机制，以鼓励社会资金进入战略性新兴产业[⑤]；胡海峰（2010）和王大贤（2011）等人建议政府采取统筹规划财政与金融、健全信用担保体系、优化金融支持环境等手段加强金融支持力度，并充分发挥银行和保险的协同作用，适当将贷款政策向战略性新兴产业倾斜[①~②]；刘志阳（2010）研究指出产业投资引导基金的建立是政策性金融最有效的支持手段[③]；朱颐和（2010）研究认为政府可以考虑设立风险投资基金支持战略性新兴产业[④]。

战略性新兴产业推进策略的角色定位方面，钟清流（2010）认为政府工作应当正确定位于机制设计以激活创新动力，并以政策调控改善发展环境[⑤]。具体到金融支持策略上，刘洪昌（2010）认为在战略性新兴产业发展过程中，政府应采取双轮驱动战略，即技术创新和金融创新共同实施[⑥]；顾海峰（2011）认为政府应该干预引导金融机构使得政策性金融资源流向战略性新兴产业[⑦]；剧锦文（2011）、王欢芳（2012）、陆国庆（2014）等

① 胡海峰，孙飞．我国战略性新兴产业培育中的金融支持体系研究．新视野，2010，（6）：24–26.

② 王大贤．发展战略性新兴产业金融支持这条腿太短．上海证券报，2011–01–01.

③ 刘志阳．战略性新兴产业主导设计形成机理与竞争策略研究．经济社会体制比较，2010，（5）：165–172.

④ 朱颐和．政府扶持战略性新兴产业风险投资的方略研究．湖北工业大学学报，2011，25（6）：58–60.

⑤ 钟清流．战略性新兴产业发展思路探析．中国科技论坛，2010，（11）：41–45.

⑥ 刘洪昌．战略性新兴产业的选择原则及培育政策取向．现代经济探讨，2013，（1）：56–59.

⑦ 顾海峰．战略性新兴产业演进的金融支持体系及政策研究——基于政策性金融的支持视角．科学学与科学技术管理，2011，（7）：98–103.

⑧ 剧锦文．战略性新兴产业的发展“变量”：政府与市场分工．改革，2011，（3）：31–37.

⑨ 王欢芳，何燕子．战略性新兴产业集群式发展的路径探讨．经济纵横，2012，（10）：45–48.

⑩ 陆国庆，王舟，张春宇．中国战略性新兴产业政府创新补贴的绩效研究．经济研究，2014，（7）：44–55.

认为政府重在协调各方利益和顶层机制设计，以推动战略性新兴产业和金融协同发展[⑧~⑩]。

需要说明的是，虽然国内学者普遍认同战略性新兴产业发展中政府在金融支持方面的主体地位，但就具体的政策性金融资源投放对象则存在较明显的争议。徐晓兰（2010）强调应以大型项目为主，建议政府设立战略性新兴产业发展投资基金[①]；李晓华和吕铁（2010）认为中小企业融资困境更凸显，且更加具有创造力，建议政府需要对战略性新兴产业在创新活动、市场需求创造和中小企业发展等方面给予支持[②]。

对战略性新兴产业而言，政府及其行为在整个金融支持过程中的作用十分关键，仍然会是研究的重点。可以预见的是，未来研究范围也将扩大，例如其他主体与政府在产业金融支持活动中的互动和效率等。

1.2.3 关于战略性新兴产业金融支持的阶段特性差异研究

如何有效地开展战略性新兴产业的金融支持？对此，国内外学者均主张首先要明确战略性新兴产业在不同发展阶段的金融需求，明晰金融支持的阶段特征及其差异。J.F.Weston and E.F.Brigham（1981）提出了企业金融周期理论，通过研究指出企业金融周期可划分为四个阶段，从创立期到成长期到成熟期再至衰退期，且在不同的周期企业具有不同的融资需求，因此，企业融资决策应统筹考虑企业所处周期[③]；Westkamper 等（1998）提出企业金融支持模式应由企业产品的生命周期来决定如何选择，而新兴产业发展中产品和技术创新则需构建与之配套的金融支持体系[④]；Rizov（2008）提出随着金融市场的完善，新兴产业公司对市场依赖性高于政府，

① 徐晓兰．建议设立战略性新兴产业投资基金．中国科技产业，2010，（7）：61.

② 李晓华，吕铁.战略性新兴产业的特征与政策导向研究.宏观经济研究,2010,(9):20–26.

③ Weston J F，Brigham E F.Managerial Finance.Hinsdale：Dryden Press，1981.

④ Westkamper E，Von der Osten–Sacken D.Product Life Cycle Costing Applied to Manufacturing Systems.Manufacturing Technology，1998，(1)：353–356.

这种变化将导致资本结构更趋复杂和不可控[①]。

国内文献就战略性新兴产业不同发展阶段的金融支持进行了较为充分的论证。施平（2010）等人研究认为战略性新兴产业发展初期风险大且以中小型企业为主要组成部分，应以风险投资类金融支持为主[②]；考虑发展阶段后李海波（2011）研究得出，应根据战略性新兴产业的不同发展阶段来选择金融支持方式，并根据不同产业链环境变化而变化，如技术创新研发阶段因风险大而应采用股权融资方式；产业化阶段适宜采取债权融资方式[③]。

针对战略性新兴产业的阶段特性，国内学者纷纷提出了与之相对应的金融支持思路。顾海峰（2011）构建形成了市场性金融支持、政策性金融支持、间接金融支持和直接金融支持的完整金融支持体系[④]；熊广勤等（2012）基于产业生命周期理论，认为战略性新兴产业在初创期、成长期和成熟期等不同阶段应分别以政策性金融、银行信贷和资本市场主导的直接金融支持方式为主[⑤~⑥]；肖兴志（2013）将战略性新兴产业金融支持分为资金融通、资源整合和价值增值等三个阶段，主张政府创新基金还需针对传统转型企业和新生企业的不同创新特点对其采用差别化的创新支持政策[⑦]。

---

① Rizov M.Corporate Capital Structure and How Soft Budget Constraints May Affect It.Journal of Economic Surveys，2008，（4）：648–684.

② 施平，郑江淮．战略性新兴产业的特征与发展思路．贵州社会科学，2010，（12）：36–39.

③ 李海波，肖文东．金融如何支持战略性新兴产业．人民日报，2011–3–31.

④ 顾海峰．战略性新兴产业发展的金融支持体系及其政策设计．现代财经，2011，（9）：76–83.

⑤ 熊广勤．金融支持战略性新兴产业发展的现状及其作用机制研究．商业经济，2012，（3）：3–4.

⑤ 刘旭东．太原市发展战略性新兴产业阶段性特征分析．科技创新与生产力，2012，（8）：30–33.

⑥ 我国战略性新兴产业“阶梯式”发展路径选择．经济学家，2013，（6）：21–29.

⑦ 肖兴志．战略性新兴产业政府创新基金投向：传统转型企业还是新生企业．中国工业经济，2013，（1）：128–140.

1.2.4　关于战略性新兴产业金融支持的困境及渠道研究

根据战略性新兴产业发展的阶段性特征，有针对性地推进金融支持，需重点探讨现有金融支持模式的短板或困境，进而论证可供选择的金融支持渠道。关于金融支持困境及成因方面，李东卫（2011）通过研究战略性新兴产业金融支持现状，揭露出其过程中支持政策执行力欠缺、金融机构积极性不足、中小企业普遍无法上市融资等现实问题[①]；张亮（2009）研究发现战略性新兴产业培育和发展的关键制约因素是金融资源，金融支持应从金融体制改革和鼓励社会资本投资等方面入手[②]；叶翔凤（2010）研究指出战略性新兴产业融资困难的成因在于企业自身因素、金融支持体系不完善、信用担保机制不健全等[③]；梅兴保（2011）证明了限制战略性新兴产业发展的主要成因在于金融机构的观念尚未及时转变、金融模式和金融工具尚未匹配[④]；类似地，胡吉亚（2013）、孙心怡（2013）、马军伟（2013）、步晓宁（2013）等均对战略性新兴产业发展的金融支持困境进行了详细分析[⑤~⑧]。

---

① 李东卫．战略性新兴产业发展与金融支持问题研究．西南金融，2011，(4)：4-7.

② 张亮．我国节能与新能源行业的金融支持问题．开发导报，2009，(4)：17-20.

③ 叶翔凤，杨擘．以科技金融创新推进战略性新兴产业发展．中国高新技术企业，2010，(8)：32-34.

④ 梅兴保．关于金融支持战略性新兴产业发展的调查与建议．中国科技产业，2011，(4)：30-33.

⑤ 胡吉亚．我国战略性新兴产业发展的融资问题研究．中国青年政治学院学报，2013，(6)：108-113.

⑥ 孙心怡，程贵孙．民营资本支持战略性新兴产业发展的瓶颈与路径研究．商业时代，2013，(8)：1-9.

⑦ 马军伟．金融支持战略性新兴产业发展的障碍与对策．经济纵横，2013，(1)：94-97.

⑧ 步晓宁，黄如良．战略性新兴产业的融资困境与担保体系重构．改革，2013，(9)：33-39.

关于金融支持资金来源方面，Colombo 等（2007）研究发现新兴产业公司由于财务制度不完善，导致仅有小部分公司能够获得外部融资支持，尤其是信贷资金的支持[①]；Binh 等（2005）研究发现发达国家的新兴产业之所以能够实现快速增长，在于发达国家的市场化金融支持体系较为完善[②]；朱瑞博（2010）研究认为产业资本与金融资本互相匹配，且产业资本主导金融资本才是合理的，一旦产业资本和金融资本失衡，可能会形成投资泡沫[③]；赛迪（2010）总结了战略性新兴产业金融支持的四个资金来源，即政府产业投资基金、社会资本和外资、股权融资以及创新型债权融资方式[④]。

新近研究重点对比了金融支持中不同融资渠道的作用差异及其实施路径。翟华云（2012）、谷鑫（2012）、彭洋（2012）主要从直接融资角度研究金融支持战略性新兴产业[⑤~⑦]；顾海峰（2011）、袁青松（2011）、孙明（2012）、杜王坤（2012）、郑冲（2013）、陈晨（2013）等从间接

---

① Colombo M G，Grilli L.Funding gaps Access to bank loans by high–tech start–ups .Small Business Economics，2007，29（1）：25–46.

② Binh K B，Park S Y，Shin B S.Financial Structure and Industrial Growth：A Direct Evidence from OECD Countries.European Economic Review，2005，49：113–144.

③ 朱瑞博 . 中国战略性新兴产业培育及其政策取向 . 改革，2010，（3）：19–28.

④ 赛迪顾问股份有限公司 . 战略性新兴产业融资渠道与选择策略 .2010.

⑤ 翟华云 . 战略性新兴产业上市公司金融支持效率研究 . 证券市场导报，2012，（11）：21–25.

⑥ 谷鑫 . 论多层次资本市场对战略性新兴产业的促进作用 . 商业时代，2012，（30）：121–122.

⑦ 彭洋 . 基于创业板市场主导的战略性新兴产业发展研究 . 湖南社会科学，2012，（4）：153–155.

融资角度研究金融支持战略性新兴产业[①~⑥]；郭淑娟（2012）、莫守忠（2012）从知识产权质押融资方面提供思路[⑦~⑧]；段世德（2011）、赵天一（2013）、廖果平（2014）从科技金融支持战略性新兴产业发展方面提供路径[⑨~⑪]。

1.2.5 关于战略性新兴产业金融支持的经验案例研究

总结相关文献不难发现，有关金融支持在战略性新兴产业发展中的作用、金融支持的主体、金融支持的阶段性差异、金融支持的困境等一系列研究，大多依托于产业发展视角，侧重于政策讨论和机制体制设计。作

---

① 顾海峰．信贷体系支持战略性新兴产业演进的机理及政策研究．当代经济研究，2011，（8）：78–82.

② 袁青松．支持战略性新兴产业发展的信贷政策研究．宏观经济管理，2011，（5）：51–52.

③ 孙明．银行间债券市场对战略性新兴产业发展的金融支持研究．产权导刊，2012，（3）：32–35.

④ 杜王坤．关于我国商业银行战略性新兴产业信贷业务风险分析．中国外资，2012，（7）：23–24.

⑤ 郑冲，李彦．商业银行战略性新兴产业信贷策略研究．金融教学与研究，2013，（2）：14–17.

⑥ 陈晨．银行业支持战略性新兴产业发展的创新、问题与对策．证券市场导报，2013，（6）：21–26.

⑦ 郭淑娟，常京萍．战略性新兴产业知识产权质押融资模式运作及其政策配置．中国科技论坛，2012，（1）：120–125.

⑧ 莫守忠，王曦，李蓓．发达国家运用知识产权助推战略性新兴产业发展对我国的启示．湖南财政经济学院学报，2012，（2）：5–13.

⑨ 段世德，徐璇．科技金融支撑战略性新兴产业发展研究．科技进步与对策，2011，（14）：66–69.

⑩ 赵天一．战略性新兴产业科技金融支持路径及体系研究．科技进步与对策，2013，（8）：63–66.

⑪ 廖果平，王卫星．科技金融支撑战略性新兴产业机制研究．科学管理研究，2014，（5）：25–29.

为重要补充，还有一部分文献以经验案例研究等形式探讨了战略性新兴产业金融支持的相关问题。Schienstock 等（2001）以芬兰的生物产业尤其是生物制药领域为案例展开研究，指出生物制药虽然获得的金融支持力度很大，但是由于市场的不完善和人才的缺少，目前仍然处于边缘产业①；Reedman 等（2004）研究了空间技术中的卫星服务领域，并指出民用通讯是最能充分发挥这些空间资产的产业。通过论证技术和经济的双重可行性，认为商业化运营是可实现的②；Oliveira（2006）指出金融支持是影响发电行业竞争力的关键要素，同时也是重要的风险因素③；Lancaster 等（2008）研究指出电子和通讯产业融资通常通过风险投资实现，产业内部企业融资模式的选择会依据投资者的风险预期及其风险规避行为变化相应调整而非固定④；Szabo 等人（2010）对光伏产业的风险适应融资成本进行考量，研究认为光伏产业融资模式的选择将影响到整个产业的创新⑤。

总结发达国家金融支持经验、对比中外金融支持差异，是国内经验案例研究的重要思路。范小雷（2007）采用比较研究法分析了发达国家在提振其新兴产业发展过程中所采取的金融支持模式与路径，明确了金融支持我国战略性新兴产业发展的借鉴之路⑥；綦鲁明等学者（2009）对英

① Schienstock G, Tulkki P.The fourth pillar An assessment of the situation of the Finnish biotechnology.Small Bussiness Economics，2001，17（2）：105–122.

② Reedman T，King D，Malaviarchchi P.The economic case for satellite servicing：International Astronautical Federation.International Astronautical Federation，2004，12（4）：112–135.

③ Oliveira M, Maia P.The industrial risk management in power generation in a liberalised market context.Safety and Reliability for Managing Risk，2006，（11）：2197–2201.

④ Lancaster L, Baumann C.Mergers and acquisitions basics for the industrial electronics and communications industry.IEEE Industrial Electronics Magazine，2008，（4）：10–12.

⑤ Szabo S，Jager W A，Szabo L.Risk adjusted financial costs of photovoltaics.Energy Policy，2010，（7）：3807–3819.

⑥ 范小雷．发达国家发展战略产业的金融支持路径研究：[武汉理工大学硕士学位论文]．武汉：武汉理工大学，2007.

美的“官办民营型”与日本的“政府主导型”的金融支持方式进行了国际比较分析，认为政府在政策性金融支持方面应发挥重要作用[①]；而王斌等（2011）总结出美国政府的战略性新兴产业金融支持措施包括“尊重”“链接”“创造”和“模拟”市场四个重要特征[②]；刘澄等人（2011）对发达国家金融支持新兴产业发展及产业政策实践历程进行了研究述评，提出国内战略性新兴产业发展初期的资金问题可以通过合理的产业政策安排实现[③]；胡海峰等（2011）全面研究了日本模式银行主导型、美国市场主导型和德国全能银行主导型的融资模式，指出中国战略性新兴产业融资机制应以政策性金融为导向，以间接融资为依托，发展多层次资本市场，配套完善监管体系[④]；熊广勤（2012）和薛澜（2013）通过国际比较研究，将战略性新兴产业发展金融支持方式总结为市场主导、银行主导和政府主导等三种金融支持模式，三者各有优劣，选择合适的金融支持方式才是最优的金融支持方式[⑤~⑥]。

上述对新兴产业金融支持的国内外优秀实践与案例研究以及理论成果的总结梳理，为我国战略性新兴产业金融支持体系构建和效率研究提供了宝贵的参考。

---

① 綦鲁明，张亮.美、英、日高新技术产业投融资模式比较及其对我国的启示.经济管理，2009，(7)：151-154.

② 王斌，路祖春.美国发展战略性新兴产业的最新举措、特点及启示.现代经济探讨，2011，(6)：84-87.

③ 刘澄，顾强，董瑞青.产业政策在战略性新兴产业发展中的作用.经济社会体制比较，2011，(1)：196-203.

④ 胡海峰，胡吉亚.美日德战略性新兴产业融资机制比较分析及对中国的启示.经济理论与经济管理，2011，(8)：62-74.

⑤ 熊广勤.战略性新兴产业发展的金融支持国际比较研究.现代管理科学，2012，(1)：89-91.

⑥ 薛澜，林泽梁，梁正.世界战略性新兴产业的发展趋势对我国的启示.中国软科学，2013，(5)：18-26.

1.2.6 关于战略性新兴产业金融支持的效率评价研究

Altmann（1996）认为新兴产业金融支持最关键的问题不在于如何获取金融资金来源，而在于如何管理和配置资金，金融资源的投入和产出效率对促进新兴产业快速发展至关重要[①]。但此前对金融支持战略性新兴产业发展的研究成果大部分体现为金融支持的重要性和实现路径方面，理论论述较多，有关金融支持效率评价的实证研究尚少。

金融支持效率测度大多使用传统DEA方法，如蔡玲君（2011）运用DEA方法剖析了高科技上市公司金融支持效率变化趋势，研究结果表明金融支持效率整体偏低[②]；赵守国等（2011）通过DEA方法对上市公司融资效率的行业分布、规模报酬进行对比分析，提出融资效率优化思路[③]；熊正德等（2010）运用DEA方法测度了我国战略性新兴产业的金融支持效率，并构建了影响因素模型，继而根据实证结果提出政策金融引导、加强银行支持、提升服务多元化、增强风险抵御能力的政策建议[④]。

新近研究开始从企业微观视角就战略性新兴产业的金融支持效率展开分析。韩雪莲等（2011）采用180家战略性新兴产业企业数据，探讨进入产业的时机与绩效之间的作用关系[⑤]；陆国庆（2011）研究证明战略性新

① Altmann T.DPMS-Desalination Plant Management System.Desalination，1996，107（1）：53-57.

② 蔡玲君.我国上市公司高科技企业的股权融资效率研究：基于DEA模型：[华东师范大学硕士学位论文].上海：华东师范大学，2011.

③ 赵守国，孔军，刘思佳.基于DEA模型的陕西上市公司融资效率分析.中国软科学，2011，（11）：245-253.

④ 熊正德，林雪.战略性新兴产业上市公司金融支持效率及其影响因素研究.经济管理，2010，（11）：26-33.

⑤ 韩雪莲，谢里，赵文霞.战略性新兴产业中的企业进入、时机与绩效——基于180家上市公司的实证分析.财经问题研究，2011，（4）：45-52.

兴产业上市公司创新绩效明显较非战略性新兴产业类更优秀[①]；熊正德等（2011）通过DEA-Logit模型研究发现，宏观经济形势对战略性新兴产业影响较为显著，七大战略性新兴产业金融支持效率不均衡，且效率影响因素具有明显的阶段性[②]；翟华云（2012）和郭荣凤（2012）分别对战略性新兴产业的金融支持效率和股权融资效率分别进行了实证分析[③~④]；吴艳等（2013）指出资金不足是战略性新兴产业发展的重要瓶颈，并设计战略性新兴产业金融支持实证模型，实证分析结果显示了直接融资对战略性新兴产业的支持显著正相关，而间接融资对战略性新兴产业发展没有起到应有的支持效应[⑤]。

与上述研究相对照，马军伟（2013）测度了我国七大战略性新兴产业的金融支持效率差异[⑥]；李传喜等（2013）、贺立（2013）、王健等（2014）、赵玉林等（2014）、李京文等（2014）、张蕊（2014）、熊正德等（2014）、黄海霞等（2015）在战略性新兴产业金融支持效率的实证研究方

① 陆国庆.战略性新兴产业创新的绩效研究——基于中小板上市公司的实证分析.南京大学学报，2011，(4)：72–80.

② 熊正德，詹斌，林雪.基于DEA和Logit模型的战略性新兴产业金融支持效率.系统工程，2011，(6)：35–41.

③ 翟华云.我国战略性新兴产业发展与多层次资本市场构建.财会月刊，2012，(15)：23–25.

④ 郭荣凤.战略性新兴产业上市公司股权融资效率研究：[湖南大学硕士学位论文].长沙：湖南大学，2012.

⑤ 吴艳，张训，翟欢欢.战略性新兴产业发展的金融支持研究.经济数学，2013，(1)：105–110

⑥ 马军伟.我国七大战略性新兴产业的金融支持效率差异及其影响因素研究——基于上市公司的经验证据.经济体制改革，2013，(3)：133–137.

面也取得了一定的成果①~⑧。

1.2.7 关于战略性新兴产业七大细分领域的金融支持效率研究

战略性新兴产业涵盖众多领域，而各领域细分产业的行业特性及对金融支持的要求可能也存在较明显差异。鉴于此，国内学者针对战略性新兴产业七大细分领域进行了金融支持效率研究。

1. 有关节能环保产业金融支持效率的研究

张强等（2013）运用DEA方法测算了2011年节能环保产业上市公司的金融支持效率，发现节能环保产业金融支持效率普遍偏低；并采用Malmquist指数测算节能环保产业金融支持效率变动态势，发现效率有逐年下降趋势⑨；董冰洁等（2015）运用因子分析的方法对节能环保上市公司进行综合评价发现金融效率对节能环保产业发展具有显著的正向作用⑩；曹

① 李传喜，胡筱瑜.我国战略性新兴产业规模结构效率及其优化研究.经济问题探索，2013，(7)：82–86.

② 贺立.中国战略性新兴产业的融资效率研究:[湖南大学硕士学位论文].长沙：湖南大学，2013.

③ 王健，张卓.战略性新兴产业发展效率测度与金融支持.中南财经政法大学学报，2014，(1)：76–81.

④ 赵玉林，石璋铭.战略性新兴产业资本配置效率及影响因素的实证研究.宏观经济研究，2014，(2)：72–79.

⑤ 李京文，王宇纯，杨正东.战略性新兴产业上市公司融资效率研究——以北京市为例.经济与管理研究，2014，(6)：74–82.

⑥ 张蕊.战略性新兴产业企业业绩评价问题研究.会计研究，2014，(8)：41–44.

⑦ 熊正德，阳芳娟，万军.基于两阶段DEA模型的上市公司债权融资效率研究.财经理论与实践，2014，(5)：28–35.

⑧ 黄海霞，张治河.基于DEA模型的我国战略性新兴产业科技资源配置效率研究.中国软科学，2015，(1)：150–159.

⑨ 张强，贺立.我国节能环保产业上市公司融资效率研究.求索，2013，(4)：30–32.

⑩ 董冰洁，周培红，买思怡.节能环保产业发展的金融支持研究——基于上市公司数据的实证分析.科技管理研究，2015，(3)：34–38.

宇等（2016）运用四阶段DEA模型测度了2012-2014年A股节能环保上市公司的金融支持效率，发现节能环保产业细分领域金融支持效率从高到低排列顺序是：资源循环利用行业、环保行业和节能行业；并采用Malmquist指数测算节能环保产业金融支持效率变动态势，发现效率有逐年递增趋势，但增速放缓[①]；王春波（2016）、谢婷婷等（2016）对节能环保产业金融支持效率的实证研究也取得一定成果[②~③]。

2. 有关新一代信息技术产业金融支持效率的研究

于娜（2014）通过logistic曲线方程，将战略性新兴产业划分为培育、成长、发展和成熟四个阶段，并通过因子分析的logistic实证研究发现新一代信息技术产业初步进入成熟期[④]；唐倩倩等（2015）运用DEA和logit模型研究了2008-2012年新一代信息技术产业的金融支持效率，研究结果显示，资源配置效率尚未实现最优，个体差异明显[⑤]。

3. 有关生物产业金融支持效率的研究

邵永同等（2013）基于DEA方法实证分析了2005-2010年生物医药上市公司的金融支持效率，发现生物医药上市公司从非有效状态向有效状态提升的潜力大，且呈现出逐年增长的态势，但增速放缓[⑥]；唐倩倩等（2015）运用DEA模型研究了2008-2012年我国30个省区生物产业的金融

---

① 曹宇，耿成轩.节能环保产业公司融资效率研究——基于四阶段DEA- Malmquist模型.环境科学与管理，2016,（3）：6–10.

② 王春波，张雪梅，杨帆.节能环保类上市公司融资效率评价.生产力研究，2016,（6）：35–37.

③ 谢婷婷，马洁.西部节能环保产业上市公司融资效率及影响因素探究.财会月刊，2016,（24）：79–84.

④ 于娜.战略性新兴产业发展阶段判析——以新一代信息技术产业为例.科技管理研究，2014,（10）：159–165.

⑤ 唐倩倩，张目，张红梅.新一代信息技术产业金融支持效率评价及影响因素研究.中国企业运筹学第十届学术年会论文集，2015.

⑥ 邵永同，陈淑珍.基于DEA方法的我国上市生物医药企业融资效率实证研究.科技管理研究，2013,（2）：174–178.

支持效率，研究结果显示，生物产业金融支持效率尚未实现最优，地区及个体差异显著[①]。

4. 有关高端装备制造产业金融支持效率的研究

李晶等（2013）研究发现我国财政政策和税收政策对高端装备制造产业的支持力度不足[②]；夏震（2014）采用DEA方法测算了2010-2013年65家高端装备制造产业上市公司的金融支持效率，发现我国高端装备制造产业上市公司金融支持效率普遍不高，且呈现逐年下降趋势[③]；贺正楚（2016）采用结构方程理论对高端装备制造企业的财务竞争力进行研究，结果发现高端装备制造企业的资产规模和发展能力对财务竞争力具有显著影响[④]。

5. 有关新能源产业金融支持效率的研究

徐枫（2013）运用VAR模型对金融支持新能源产业分析发现，新能源产业普遍存在融资难的问题，间接融资的贡献大于直接融资[⑤]；郭丽华（2014）探讨了在中国设立新能源产业投资基金的可能性[⑥]；匡毅（2015）运用VAR模型对2000-2013年29个国家或地区面板数据进行新能源产业金融支持进行研究，发现金融支持对于新能源产业发展具有重要作用，新能源产业的金融资源需求弹性大，供给弹性小[⑦]；乔小燕等（2015）用DEA

① 唐倩倩，张目，赖辉.基于DEA的战略性新兴产业金融支持效率评价－以生物产业为例.贵州工程应用技术学院学报，2015,（2）：119–125.

② 李晶，井崇任.促进高端装备制造业发展的财政税收政策研究.财经问题研究，2013,（4）：85–91.

③ 夏震.基于上市公司的我国高端装备制造业融资效率研究：[湖南科技大学硕士学位论文]. 湘潭：湖南科技大学，2014.

④ 贺正楚，黄颖琪，潘红玉.高端装备制造企业财务竞争力的评价及测度.财经理论与实践，2016,（4）：124–129.

⑤ 徐枫，陈昭豪.金融支持新能源产业发展的实证研究.宏观经济研究，2013,（8）：15–19.

⑥ 郭丽华，陈立铭.中国新能源产业投资基金融资模式探讨.经济研究导刊，2014，（1）：28–30.

⑦ 匡毅.新能源产业的发展动力资本与金融支持的实证研究.统计与决策，2015,（6）：136–139.

方法对2010-2013年江苏15家新能源产业上市公司进行金融支持效率测度，发现股权融资对新能源产业金融支持效率有正向影响，而负债融资对新能源产业金融支持效率有负向影响[①]；赵滨元（2016）从融资成本和投资收益角度考察了新能源产业的金融支持效率[②]。

6. 有关新材料产业金融支持效率的研究

马珩等（2015）采取DEA方法对68家新材料产业上市公司2011-2013年的融资效率进行测度发现，新材料产业融资效率逐渐下降[③]；王涛等（2015）选取了129家新材料上市公司2008-2013年的面板数据进行回归分析发现，新材料产业存在显著的融资约束问题，产业集群化发展有利于缓解融资约束困境[④]。

7. 有关新能源汽车产业金融支持效率的研究

熊正德等（2014）采用两阶段DEA方法，对新能源汽车产业上市公司2010-2012年的债权融资效率进行了测算，发现债权融资效率普遍偏低，主要原因在于筹资阶段效率低下[⑤]；李东霖（2016）研究了沪深两市对战略性新兴产业上市公司的金融支持效率，并提出了提升效率的对策[⑥]；李素梅等（2016）也采用DEA方法，对30家新能源汽车上市公司2008-2015年的金融支持效率进行了测度，发现金融支持效率变化趋势与宏观经济走势

① 乔小燕，毛东俊.新兴产业股权融资与负债融资支持效率分析——以江苏省新能源上市公司为例.财会月刊，2015，(24)：77-80.

② 赵滨元.融资方式、企业性质对融资效率的影响——基于我国新能源产业的实证研究.商业经济研究，2016,（17）：180-182.

③ 马珩，李睿欣，周梦娜.基于DEA的中国新材料产业融资效率研究.当代会计评论，2015,（1）：140-150.

④ 王涛，刘雪萍，陈志军.融资约束对中国新材料产业自主创新的影响.中国科技论坛，2015,（8）：111-115.

⑤ 熊正德，阳芳娟，万军.基于两阶段DEA模型的上市公司债权融资效率研究.财经理论与实践，2014,（5）：28-35.

⑥ 李东霖.沪深两市对战略性新兴产业上市公司金融支持效率研究.新金融，2016,（9）：27-31.

息息相关[①]。

1.2.8 文献评价

系统地梳理国内外相关成果不难发现，现有文献总体上勾勒出“新兴产业培育——金融支持主体及方式——金融支持效率评价”的研究思路，大致可分为理论政策研究、经验数据研究和案例研究三类。国外学者大多围绕政府这一金融支持的主体展开讨论，重点从公共管理方面探讨了金融支持的模式和实现路径；国内学者则侧重于战略性新兴产业金融支持的效率评价研究，广泛运用了 DEA 效率测度方法。国内外学者研究视角的差异，或许是由于“战略性新兴产业”这一概念由中国首创并成为中央政府战略规划的重要组成部分。就我国目前实际而言，如何全面、科学地测度和评价战略性新兴产业的金融支持效率，将是现阶段经济金融工作和学术界研究的热点。

近年来学者对战略性新兴产业金融支持的研究成果逐渐深入，但仍有若干问题有待商榷或深入研究：（1）现有研究偏重于政府宏观政策讨论，缺少来自企业微观层面的经验研究；（2）金融支持效率的测度工具相对单一，指标构建难以全面追踪金融支持的各类作用方式及其着力点；（3）金融支持效率评价过于笼统，不足以反映国内不同地区、不同金融支持方式、不同上市板块的金融支持效率；（4）对金融支持效率的影响因素缺乏关注，未能有效地构建实证模型对金融支持效率的影响因素进行科学、全面的计量检验，等等。

本书以效率为切入点研究战略性新兴产业与金融资本的融合问题，可以进一步衡量和评估我国七大战略性新兴产业的金融支持效率及其影响因素，并系统地提出了金融支持效率的提升路径。

---

① 李素梅，陈琛，徐继明.我国新能源汽车产业融资效率评价与分析——基于DEA-Logit模型的实证研究.科技管理研究，2016，（18）：57-74.

1.3　研究方法

在研究方法上，本书采用理论分析与实验检验相结合，侧重于比较分析。具体来说，主要运用了以下研究方法：

1. 理论归纳法

将中国首创的、产生于国家战略规划文件的“战略性新兴产业”这一概念与产业组织理论结合，深入挖掘战略性新兴产业的经济学属性，结合中国战略性新兴产业发展的现实态势和发达国家经验，本书从理论层面归纳战略性新兴产业及其细分领域的内涵和外延。同时，立足微观实体视角和当前金融业发展实际，本书归纳分析和界定了“金融支持效率”的概念，并为金融支持效率测度方法的选取提供了理论依据。

2. 假说演绎法

以上市公司数据为观测样本，在对战略性新兴产业七大细分领域、三大板块、两类融资方式进行全面系统的描述统计分析的基础上，结合现实观察结果和政策文件导向，本书提出若干待验证的假设。根据研究假设进行演绎推理，再通过实证环节检验演绎推理的结论，从而保证本书研究结论更具针对性和时效性。

3. 对比分析法

考虑到不同时期战略性新兴产业内部的七大细分领域、金融支持环节、不同融资方式、不同上市板块间的差异，本书采用了基于横向对比和纵向对比相结合的分析方法。具体来说，基于时间特性和空间特性下的战略性新兴产业金融支持效率的对比，以发现金融支持效率的变化趋势；基于不同的融资方式（股权融资和债权融资）的效率对比，基于不同上市板块（主板、中小板和创业板）的效率对比，基于不同发展领域（节能环保、新一代信息技术等七大战略性新兴产业发展领域）的效率对比以发现金融支持效率的差异。

4. 微观计量与大样本检验

本书通过东方财富网等数据平台获取深圳证券交易所的战略性新兴产业上市公司的数据，运用 DEA 模型对我国战略性新兴产业金融支持效率进行微观测度。与此同时，本书基于 469 家上市公司 2008-2015 年的数据和 Tobit 模型，开展微观计量和大样本检验，量化分析各影响因素对战略性新兴产业金融支持效率影响的程度。

1.4 研究内容与框架结构

1.4.1 研究内容

本书根据提出问题、分析问题和解决问题的总体研究思路展开，重点研究以下几个问题：

（1）在全社会普遍关注战略性新兴产业发展和金融服务实体经济的大背景下，我国战略性新兴产业究竟处于何种发展态势，是否接收到有效的金融支持？

（2）战略性新兴产业涵盖七大行业门类，不同的行业门类急需获取的金融支持方式分别是什么，存在哪些困难？

（3）金融支持效率应如何全面、科学地测度？特别是相比于其他行业，如何构建符合战略性新兴产业发展的金融支持效率测度模型？

（4）不同地区、不同金融支持方式、不同行业门类，其战略性新兴产业的金融支持效率有何共性，有何差异？

（5）影响战略性新兴产业的金融支持效率的因素有哪些，如何有效地识别并检验其影响？

（6）如何系统地提升战略性新兴产业的金融支持效率，协同完成战略性新兴产业“培育新动能、获取未来竞争新优势”和金融业“服务实体经济是本分”的任务？

本书的研究总体上分为三个环节与阶段。首先，从多个视角全面测度了我国战略性新兴产业的金融支持效率；其次，对我国战略性新兴产业的金融支持效率的影响因素进行了实证分析；最后，提出提升我国战略性新兴产业金融支持效率的政策建议。

1.4.2 研究思路与章节安排

本书遵循“现实引导——理论切入和机制分析——统计分析——模型构建——效率评估——实证检验——政策建议”的技术路线展开研究。

首先，立足于我国当前社会经济结构的现实状况，运用统计分析方法总结和归纳战略性新兴产业发展态势及金融支持情况；其次，在理论上通过总结归纳国家产业发展政策、金融发展和新兴产业发展理论，梳理影响金融支持效率的关键内外部因素，阐释战略性新兴产业金融支持的作用机制；再次，将 DEA 模型与 Tobit 模型相结合，引入 DEA 方法测度金融投入对战略性新兴产业样本上市公司的支持效率，并基于 Tobit 模型对战略性新兴产业金融支持效率影响因素进行假设和验证；最后，基于实证结果为战略性新兴产业发展提供政策建议。具体技术路线如图 1.1 所示。

全书包括八个部分：

第 1 章绪论。阐述本书研究背景与意义，全面梳理和总结国内外有关新兴产业金融支持的研究成果，阐释本书的研究方法、技术路线及可能的创新点。

第 2 章战略性新兴产业金融支持及其效率的影响因素。结合战略性新兴产业的特征，重点分析战略性新兴产业金融支持的特殊性；结合金融支持产业升级的常规机理，归纳金融支持战略性新兴产业发展的作用机制及关键要点。

第 3 章中国战略性新兴产业发展态势及金融支持现状。基于市场规模和专利申请数量对战略性新兴产业及其七大细分领域的发展态势进行全面的描述统计分析；重点探讨和对比各细分领域产业金融支持状况及困境。该部分为模型构建、指标选取和实证检验提供坚实的数据支撑和统计依据。

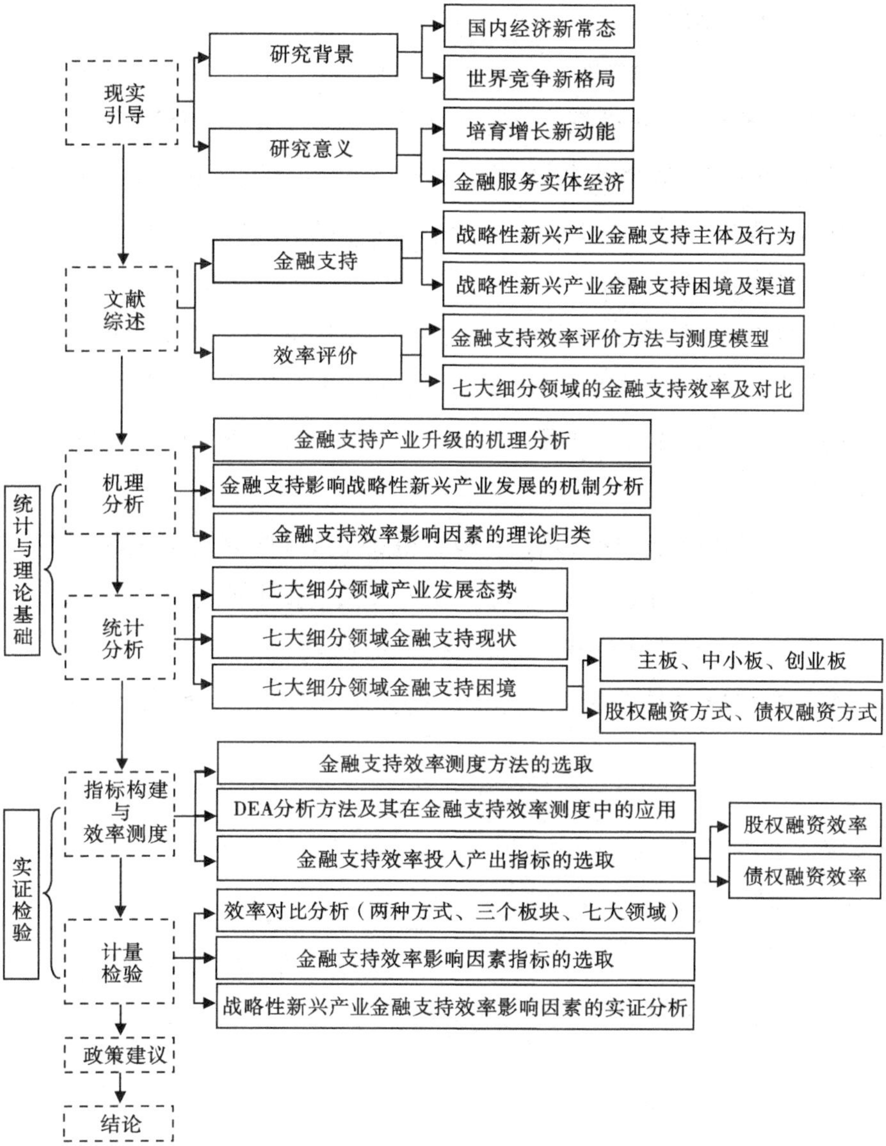

图 1.1　技术路线图

第 4 章中国战略性新兴产业金融支持效率的测度方法及指标选取。遵循客观性和适用性的要求，论证 DEA 方法测算金融支持效率的优越性；构建战略性新兴产业上市公司金融支持效率评估模型，选取适宜的金融支持效率投入产出指标。

第 5 章以上市公司为例，实证研究中国战略性新兴产业金融支持效率。使用上市公司投入产出数据，计算其金融支持效率，并分析时间特性和空间特性下金融支持效率的变化；从两种方式（债权融资和股权融资）、三大板块（主板、中小板和创业板）、七大细分领域分别测度金融支持效率并进行全方位的对比分析。

第 6 章中国战略性新兴产业金融支持效率影响因素的实证研究。对金融支持效率的影响因素进行 Tobit 回归分析，考量各影响因素对金融支持效率的影响程度，为提升战略性新兴产业金融支持效率提供严谨的实证检验依据。

第 7 章提升中国战略性新兴产业金融支持效率的政策建议。主要从构建市场和政府协同的金融支持体制、完善多层次资本市场体系、推进资本项目开放和外资有效驱动等方面提出相关政策建议。

第 8 章结论。主要总结了全文所得研究结论，并对后续研究进行了展望。

1.5 主要的创新点

本论文的主要创新体现在以下四个方面：

（1）契合时局发展要务的选题。本书将战略性新兴产业“培育发展新动能、获取未来竞争新优势”和金融业“服务实体经济是本分”的两大时代任务相结合，将研究对象锁定为“战略性新兴产业金融支持”，紧紧契合“提高金融服务实体经济的效率和水平”① 的精神，选题相对新颖、实用性强，有助于解决当前我国经济建设领域的重要理论与现实问题。

（2）以上市公司为样本的微观研究视角。对国内外文献的梳理表明，现有研究偏重于政府宏观政策讨论，缺少来自企业微观层面的经验研究。本书从微观角度入手，从上市公司视角研究金融资源给予战略性新兴产业的支持作用及效果，研究范式更为科学有效，研究结论更为丰富、可信。

（3）系统性和差异性的指标构建与测度方法。针对战略性新兴产业金融支持效率表现出的“多输入——多输出”的系统性特征，恰当地选取了战略性新兴产业上市公司金融支持效率的投入产出指标，并构建了股权融资和债权融资两种不同的支持方式下的投入产出指标。相比之下，以往研究在指标选取方面则往往忽略了研究对象的产业特征，更未能有效地区分不同支持方式下指标构建的差异性。

（4）多维度、全方位的对比分析和大样本检验。本书打破了传统文献的思维局限，从两大方式、三大板块、七大细分领域等维度全方位地进行

① 详见2017年7月24日中共中央政治局“分析研究当前经济形势和经济工作”会议。

金融支持效率对比，有助于全面分析金融支持在战略性新兴产业不同区域、不同方式和不同行业的作用；已有文献对战略性新兴产业金融支持效率的内外部影响因素的描述各执一词，不成体系，而本书基于上市公司大样本数据和Tobit模型实证检验了战略性新兴产业金融支持效率的影响因素，并系统论证了金融支持效率的提升路径。

第2章

战略性新兴产业金融支持及其效率的影响因素

现有文献总体上勾勒出“新兴产业培育——金融支持主体及方式——金融效率评价”的研究思路，归纳和总结了有关金融支持影响战略性新兴产业发展的主要理论。鉴于战略性新兴产业这一概念系我国首创、国内外研究缺少系统地、微观视角的理论梳理等现实，有必要对战略性新兴产业与金融支持效率进行概念界定，对战略性新兴产业金融支持效率影响因素进行理论识别，并从微观企业层面分析和总结金融支持效率的影响因素。

2.1 金融支持战略性新兴产业发展的机制分析

2.1.1 战略性新兴产业的特征

“战略性新兴产业”这一概念系中国首创，最早来源于2009年9月时任国务院总理温家宝同志《让科技引领中国可持续发展》的主题演讲，2010正式写入《国务院关于加快培育和发展战略性新兴产业的决定》，并成为国家“十二五”和“十三五”规划的重要组成部分。《“十二五”国家战略性新兴产业发展规划》将战略性新兴产业阐述成“以重大技术突破和重大发展需求为基础”和“对经济社会全局和长远发展具有重大引领带动作用”的产业，该产业应具备“知识技术密集”“物质资源消耗少”“成长潜力大”“综合效益好”等特点。

从直观意义上来说，战略性新兴产业涉及“新兴产业”和“战略性”这两个关键词。新兴产业是在产业概念基础上增加了时间维度，并以产业主导技术成熟度作为重要的特征指标，产业主导技术一旦成熟，规模经济下的市场竞争会导致产业参与者企业数量快速减少，产业的初创期接近尾声。新兴产业的另一个重要的特征指标是市场成熟度。随着主导技术成熟度提升，技术壁垒逐渐被打破，大量新企业进入产业，导致产业市场规模急剧扩张，市场流动性加剧。随后，伴随着产业市场规模增速的逐步放缓，新兴产业开始演进为成熟产业，其产业组织结构也将趋于长期均衡状态。战略性新兴产业是中国立足现实、着眼未来的重要战略选择，不仅要对中国当前经济社会生活发挥重要支撑作用，还要引领中国经济社会生活可持续发展的未来方向。战略性新兴产业概念中的战略性体现的经济学性质主要包含两个特征：一方面是战略性新兴产业核心技术的创新性和未来性；另一方面是战略性新兴产业现实和潜在的市场需求规模大。第一个特征说明了核心技术的投资具备长期和不确定的特性，这就需要更多的耐心和学习；第二个特征说明了战略性新兴产业的发展绩效关乎国家经济发展的深层利益。正是基于市场前景诱人，而且核心技术研发需要资金和时间，因此政府纷纷采取更加积极的产业激励政策，引导社会各界和资源最大程度地向战略性新兴产业倾斜。显而易见，无论是微观层面还是国家宏观层面，发展战略性新兴产业都将是一个竞争博弈的过程。

然而，需要着重指出的是，战略性新兴产业具有明显的“轻资产”和“高风险”特征，这在很大程度上决定了战略性新兴产业的各类细分领域企业难以依靠传统的银行信贷资金支持。由于技术发展前景具有不确定性，科技创新型企业往往高成长性与高风险兼具，加之轻资产的发展模式下缺乏可抵押资产，这些对银行放贷审核和风险控制提出了较高要求。不容否认的是，银行业对创新型产业的金融支持存在着不平衡不充分问题，表现为银行信贷投放仍然以“重资产”行业为主，对信息技术、教科文卫等“轻资产”现代服务业的金融支持力度仍有待提高，处于产业转型升级过程中的中小企业特别是科技创新型初创企业“融资难”“融资贵”问题仍然非常突出。

2.1.2　战略性新兴产业金融支持的特殊性

党的十九大报告明确提出：贯彻新发展理念，建设现代化经济体系。建设现代化经济体系的核心是推动高质量发展，需要在质量变革、效率变革、动力变革和提高全要素生产率的基础上，建设实体经济、科技创新、现代金融、人力资源协同发展的产业体系。如何落实高质量发展？资源更多投向战略性新兴产业，形成新的增长点，是满足高质量发展要求的重要思路①。国家发展和改革委员会于2018年3月15日透露，未来将建立战略性新兴产业领域投融资联动试点机制，探索在新兴产业领域率先建设实体经济、科技创新、现代金融等协同发展的产业体系。显然，作为高质量发展的重要载体，战略性新兴产业金融支持具有不同于一般产业金融支持的特殊性。

资本市场为创新驱动型企业提供融资支持是保障经济全面转型的最优途径。资本市场与创新驱动密不可分，战略性新兴产业是新旧动能转换的关键与驱动力。在有限的金融资源约束下，通过金融支持优先加快战略性新兴产业发展、促进经济结构转型升级，是新旧动能转换的重大战略问题。资本市场不仅仅可以发挥在企业融资、资产配置的作用，更重要的是助力符合国家战略发展趋势的经济增长点，通过扶持上市公司相关领域业务线发展的融资需求，由上市公司产业上下游带动整个行业转型升级，从而由点带线，最终促成经济的全面转型。

当前战略性新兴产业在发展阶段、产业特征和企业构成等方面存在明显的金融短板，金融支持方式及效率亟需改进。具体来说：

（1）产业发展阶段与融资形式之间的不匹配。随着战略性新兴产业向成熟阶段演进，其供给资金的风险也在逐渐减小，故而供给资金的种类应当从可承受高风险的资金逐渐下降，前期进入的资金应该是能够承受最高风险的。以美国硅谷为例，其新兴产业的快速发展得到了风险投资的支持，而在我国的战略性新兴产业发展中，风险投资严重缺位。

（2）产业特征与传统的金融供给模式不匹配。长期以来，银行间接融资是国内企业融资的主要渠道，但银行贷款的发放更多着眼于各类有形资产，如房地产、大宗原材料等固定资产或实物，而战略性新兴产业企业大多属于“轻资产”型，拥有知识产权等“软资产”或无形资产居多，缺少

① 详见2018年十三届全国人大一次会议期间国资委主任肖亚庆答记者问。中国网财经频道2018-03-10报道，原标题：如何落实高质量发展？肖亚庆：资源更多投向战略性新兴产业。

银行偏好的固定资产等传统抵押品。银行贷款偏好和企业资金融通需求间的错配导致诸多战略性新兴产业企业难以获得来自银行的资金支持。

（3）产业领域中企业构成与银行贷款倾向的不匹配。中小型创新企业是战略性新兴产业的主力军，特别是在生物和新材料等细分领域，中小企业占比高达 75%，而作为融资主渠道的银行偏好“贷大、贷集中”的客户授信模式。传统的银行信贷模式并不适应战略性新兴产业“小、散、专”的行业主体结构。

战略性新兴产业的金融支持不仅是一个技术性的金融问题，还涉及市场的功能与定位、市场与政府的关系问题。2017 年 3 月，央行、工信部、银监会、证监会、保监会联合印发《关于金融支持制造强国建设的指导意见》，指出金融部门应着力加强对制造业科技创新和技术改造升级的金融支持，积极拓宽技术密集型和中小型制造业企业的多元化融资渠道。国家开发银行“十三五”期间将安排不低于 1.5 万亿元融资总量支持战略性新兴产业。根据规划，国家开发银行将重点支持实施“十三五”国家战略性新兴产业发展规划中 21 项重大工程和创新平台建设，并通过投贷联动等创新模式，加大对创新型中小企业支持力度。国家发展与改革委员会将加强统筹协调，积极推动银企对接，确保相关金融支持举措落到实处。另一方面，我国资本市场已成为新兴产业强大助推器，从沪市情况看，战略性新兴产业已逐渐成为新上市公司主力军。统计显示，2017 年沪市新增 IPO 上市公司 214 家，融资规模达 1376.56 亿元。其中，高新技术企业 182 家，同比增长 109.3%，占 IPO 新上市公司总数的 85.0%；战略新兴产业企业 112 家，同比增长 107.4%，占比为 52.3%。显然，未来应按照战略性新兴产业的行业成长特性，充分尊重市场规律、发挥市场的基础性选择作用，根据战略性新兴产业发展的不同阶段以及产业链的不同环节，匹配以相适应的金融工具与融资形式。

2.1.3 金融支持产业升级的常规机理

任何一个产业的培育和发展都离不开两个要素：技术创新和金融支持[①]。技术创新是产业升级的内生变量，技术创新促进了产业形成规模经济效益，推动产业结构演变升级。但一项技术想要取得突破性进展需要大量的金融资源支持，金融市场发展可以积累大量的资本资源，形成的高度流动性为产业发展奠定资本基础[②]。技术创新和金融支持螺旋式上升，推动技术创新的技术含量得到极大提升，在金融支持下，技术创新项目转化为现实生产力，走向产业化阶段，从而实现产业优化升级。

H Patrick（1966）深入研究了经济增长和金融发展的因果关系，首次提出了"供给引导"（supply-leading）和"需求跟随"（demand-following）的金融发展理论[③]。

"供给引导"理论指出，金融优先发展从而引导经济增长的可能性。供给引导是指在经济增长没有对金融支持提出需要之前，金融机构的创立、金融资产和金融业务就先行提供金融服务供给去推动经济实现快速增长。供给引导属于主动型方式，促进金融资源迅速从低效率部门流向高效率部门，提升资源配置效率，盘活新兴产业投资项目。"供给引导"理论分析金融发展引导经济增长的作用机制主要包括以下几个方面：第一，将储蓄转化为投资是金融的重要功能之一，金融发展将推动更多的储蓄向投资转化，投资的增长进而推动经济快速增长。例如金融中介通过吸收社会金融资源，然后贷款给资源需求方；需求方融资成功后将资源投资于产业

---

① H Patrick.Financial Development and Economic Growth in Underdeveloped Countries. Economic Development and Cultural Change，1996，14：174−189.

② 顾海峰．技术创新下战略性新兴产业升级的金融支持研究．产业经济评论，2014，（4）：32−40.

③ 杜勇，黄庆华，张卫国．战略性新兴产业微观主体协同创新风险控制机制研究．科技进步与对策，2014，（11）：54−58.

项目发展，最终达到推动经济增长的目标。第二，金融可以通过投资项目合理评估、引导闲散资金流向、利用风险分担机制和推动技术创新等方式提高资本配置效率，因此，金融发展能够有效提升资本配置效率，引导经济增长。第三，金融发展通过影响储蓄率的变化，来影响经济增长。随着金融市场的完善，消费信贷的门槛降低和保险的保障性增强，普通家庭的收益率风险得到分散；此外，金融发展缩小了企业贷款利率和普通家庭存款利率之间的差距。

"需求跟随"理论认为，实体经济部门因为有融资需求，故产生了金融服务，诞生了金融体系，即经济增长推动了金融发展。随着企业生产规模扩张和市场需求提升，企业对于成本控制和资金风险控制的需求促进了提供金融服务的金融机构的形成。金融可以实现优势资源从低效率部门流向高效率部门。因此，不同经济部门的增长速度决定了金融需求的不同。"需求跟随"理论分析了经济增长导致金融发展的作用机制：经济发展初期，由于大多数人财富收入较低，利用金融市场的动力不足，市场对金融服务需求低，金融市场发展停滞。随着经济发展到一定水平，财富收入提升，富余资产增加对金融服务的需求不断增加，进而推动了金融市场和金融机构的发展。

金融发展和经济增长的关系是"供给引导"还是"需求跟随"，主要看经济处于哪个发展阶段。经济发展初期，金融发展对经济增长的"供给引导"作用更为显著，因为金融能够通过设立金融机构提供优质金融资源，对技术创新项目提供金融支持，促进经济更快增长。当经济进入持续发展阶段，对金融发展的依赖和要求更高，此时"需求跟随"效应更为凸显，因为金融发展根据经济增长过程中的经济部门融资需求，不断创新金融服务内容，以满足经济增长需要。

可见，金融在资本逐利性的驱动下，通过识别和调整产业投资收益率，进而改变金融支持不同产业的力度，实现对产业发展的影响。即金融可以通过提高投资收益率加强具有增长效应的产业发展，也可以通过降低投资收益率来减弱产能过剩产业的发展速度，形成各产业的差异化发展形态，促进产业结构升级。从本质上来说，金融活动是通过金融资源的合理分配影响其他生产要素分配来实现产业结构升级。

本书从资本市场和金融中介这两个主要金融体系来分析金融发展是如何影响传递以促进产业升级（如图 2.1 所示）。

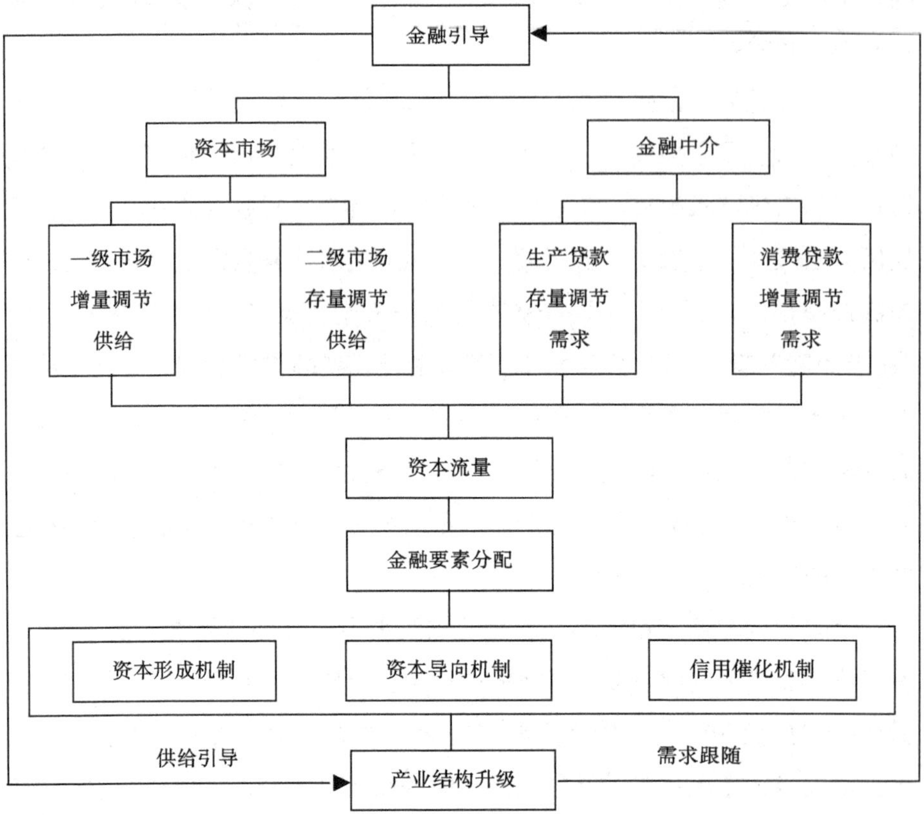

图 2.1　金融发展对产业结构升级的影响传递过程图

第一，资本市场通过一级市场增量调节和二级市场存量调节的方式对金融资源的供给总量进行影响；金融中介通过生产贷款存量调节和消费贷款增量调节的方式对金融资源的总需求量进行影响。

第二，金融资源的供需变化导致资本流量产生变化，进而影响金融资源的分配。金融资源的分配通过资本形成机制、资本导向机制和信用催化机制的作用引导产业结构升级。可见，在整个金融资源分配过程中，资本市场和金融中介的金融运作方式对市场影响显著。

第三，产业升级推动了市场发展潜力较高的产业对金融优质资源的更高需求，对金融资源的分配形成需求跟随效应。而金融产品的不断创新也对产业升级形成供给引导效应。

2.1.4　金融支持战略性新兴产业发展的作用机制

在分析金融支持产业升级机理的基础上，进一步演绎推理金融如何支持战略性新兴产业发展，有利于更加深入了解金融支持的机制原理。

2.1.4.1　金融支持战略性新兴产业发展的资本形成机制

资本形成主要是指一个经济体通过各种融资方式筹集足够初始资本以实现经济增长的过程。从发展经济学的财务角度来说，资本形成是储蓄或者资本积累减去旧资本更新剩余的“净资本”，资本形成的本质是利用现有的社会资源增加资本存量，以备投用于未来可能的消费扩张需求。

资本形成过程通常可分为两个阶段：一是储蓄积累阶段，即财富收入经过分配，政府、企业和居民等收入主体通过消费后形成的富余收入，不断积累储蓄。金融体系在此阶段充分发挥信息收集成本低、分散资本风险和影响资本流动性的优势作用，快速和规模化集聚经济体系中分散的资本资金，从而能够为具备良好市场前景的项目提供金融支持。二是储蓄转投资阶段，储蓄在资本逐利性的市场作用力下遵循一定的机制，从储蓄者主体转移到投资需求方，投资需求方将融资所得金融资源投入生产运营，推动规模扩张和市场增长，进而推动战略性新兴产业的发展。因此，储蓄积累阶段是资本原始积累的必由之路，而资本形成的关键是储蓄转投资的过程能否真正作用于技术创新和产业发展之上。因此，在一定程度上，提升资本配置效率，即将金融资源配置给最优使用主体，比资本的积累更为关键[①]。

1. 金融中介支持战略性新兴产业发展的资本形成机制

金融中介主要是通过政策性金融的扶持校正与商业性金融的利益竞争来完成资本积累并促进金融资源的优化配置，最终实现提供充足的资金来支持战略性新兴产业发展。

（1）政策性金融支持。由于战略性新兴产业发展存在较大不确定性（尤以种子期、创业期和成长期表现更为明显），遵循安全性、收益性、流动性原则的商业性金融通常没有意愿介入，导致了战略性新兴产业在种子期至成长阶段的资金融通缺口。此时，必须充分发挥政策性金融机构（如政策性科技银行、担保机构、保险机构等）具备的政策及信息等优势，优先扶持有前瞻性和独创性的战略性新兴产业发展项目，通过适当的政策引导和政策性金融资源注入作为引子，倡导并吸引商业性金融机构跟随投资，进而鼓励更多的商业性资金流入战略性新兴产业。

（2）商业性金融支持。政策性资金投向战略性新兴产业，将给商业性金融机构传递出强大的投资信号，使得商业性金融确认了该项目或者企业是有发展前景的，值得市场投资。基于市场判断和自身利益测算，商业性金融机构通过对战略性新兴产业项目主体的发展战略、行业环境、财务状况、盈利能力、现金流、人力资源等方面展开分析，并严格筛选和甄别，积极开展项目贷款业务。而一旦商业性金融对某一类战略性新兴产业项目的投资热情不断高涨，政策性金融必须择机而退，转向其他战略性新兴产业项目引领投资，从而形成良性循环。

2. 金融市场支持战略性新兴产业发展的资本形成机制

战略性新兴产业发展如果仅仅依靠银行等金融中介是远远无法满足企业的融资需求，主要在于技术创新项目从实验室走向商业化和产业化阶段

---

① 洪勇，张红虹．新兴产业培育政策传导机制的系统分析．中国软科学，2015，(6)：8–19.

存在非常大的不确定性风险。商业性金融的经营原则决定了其无法贷款给处于创新初期的企业，而政策性金融又存在资金有限的瓶颈效应，仅能发挥引导资金流向的作用。因此，创新企业一旦无法通过政策性金融和商业性金融得到资金支持，就必须另辟融资渠道以筹集资金，资本市场和风险投资成为该阶段金融支持的主力。一方面，战略性新兴企业可以通过资本市场进行公开发行股票获取发展资金需求；另一方面，风险投资机构可以通过股权投资的方式进行参股或者控股战略性新兴企业，股权投资资金成为战略性新兴企业的实收资本。由于风险投资机构推出股权投资时必须先进行股份转让，因此即便风险投资机构在战略性新兴企业发展达到一定程度想要获利而退时，股份转让在前，总体上并不会影响到战略性新兴企业的资本形成。

通过对比金融中介和金融市场，我们可以发现：由于战略性新兴产业资金需求量大和长期性的特点，金融中介所具备的资金供应量小而且期限短的特性无法实现供需匹配，金融市场将发挥更主要的作用。因此，金融市场支持战略性新兴产业，必须推动金融市场不断健全，建立多层次的体系以满足各种类型战略性新兴企业的资金需求，实现储蓄向投资的有效转变，促进金融资源配置向更优的企业，推动战略性新兴产业快速发展①。

2.1.4.2　金融支持战略性新兴产业发展的风险分散机制

1. 流动性风险分散

战略性新兴产业发展过程中的信息不对称和资产的高专用性将提高流动性风险，因此，战略性新兴企业形成了对于降低交易成本和降低信息不对称的融资需求，进而推动了资金流动性强的金融机构和资本市场的不断涌现和发展。金融机构和资本市场的强资金流动性有利于投资者实现投资

---

① 宋智文，凌江怀，吕惠聪 . 战略性新兴产业金融风险研究 . 特区经济，2012，（6）：221–224.

项目的利润变现，促进了资源有效配置，有利于长期资本的形成，从而使得金融支持战略性新兴产业发展变得切实可行。

（1）金融中介的流动性风险分散机制

银行等金融中介以其安全性和利率收益为手段，化零为整，将社会闲散资金进行汇聚，并基于大数法则对社会资金流动性需求进行预测评估，预留一定比例的存款准备金以满足流动性需求，其余资金以更高利率进行贷款或者投资项目。一方面，金融中介的重要基础功能是金融资产的流动性转化，并辅以债权债务等方式延长资金的期限，以此防范流动性风险的冲击。另一方面，金融中介可以通过影响不同项目的投资比例，来实现资源更多流向流动性较差而收益率较高的技术创新项目，可以有效满足战略性新兴产业对长期资本的需要，从而促进产业的创新发展①。

（2）资本市场的流动性风险分散机制

资本市场的流动性风险分散机制主要体现在两个方面：一是面临流动性冲击的投资者可以通过资本市场将持有的股票出售，以缓解资金流动性困境；二是拥有富余资金的投资者也想要将该部分资金通过市场进行投资获得更高收益。正是资本市场具备调节不同投资者之间的流动性需求的特性可以实现流动性风险的分散。而这种流动性需求调节的前提在于资本市场有大量投资者和这些投资者不会同时面临流动性冲击困境，使得资本市场面临系统性流动性冲击。因为投资者越多，资本市场的流动性越强，越有利于风险分散②。

流动性风险与投资者风险厌恶程度息息相关，当投资者风险厌恶程度高时，金融中介的安全性和流动性比资本市场更具优势；风险厌恶程度低时，资本市场的高收益性更具优势。现实中的投资者风险厌恶程度是随机分布，可见，金融中介和资本市场只有协调均衡发展才能促进战略性新兴

① 许箫迪，王子龙，张晓磊.战略性新兴产业的培育机理与政策博弈研究.研究与发展管理，2014，(1)：1–12.

② 潘娟.战略性新兴产业发展的金融支持作用机制分析.商业时代，2013，(10)：121–122.

产业的发展。

2. 金融体系的收益率风险管理

金融中介和资本市场实现收益率风险管理的策略和绩效各有不同（如表 2.1）。

表 2.1　不同金融结构风险管理策略与绩效

风险类别		风险管理策略		风险管理绩效	
		金融中介	资本市场	金融中介	资本市场
收益率风险	系统性风险	跨期平滑	无	优	劣
	非系统性风险	分散贷款	投资组合	劣	优

（1）金融中介通过跨期风险分担来实现收益率风险管理。金融中介为了防止金融资产价格超预期波动，通常采用跨期均衡投资实现平滑投资收益的方式。金融中介风险管理特点是将风险内部化。

（2）资本市场通过横向风险分担来实现收益率风险管理。资本市场通过投资组合的方式引导投资者自己选择不同金融工具进行投资，既降低了投资者对单个项目主体收益率风险的担心，也将风险进行了分散管理，以此推动战略性新兴产业发展。可见，资本市场的风险管理特点是提供金融工具让投资者进行风险转移互换，由投资者自己形成投资决策并承担风险损失。

在系统性风险方面，投资者能够依托金融中介的跨期风险分担机制来规避风险，但无法通过资本市场的投资组合来分散。在非系统性风险方面，金融中介的金融工具形式较为单一，横向风险分散能力不足；而资本市场的金融工具和产品层次分类较多，投资者可以通过投资组合分散非系统性风险。

因此，基于战略性新兴产业发展的特性需求来看，金融支持要进行分类更优针对性：一方面，针对技术创新强、资金需求大和市场空间暂不明朗的项目，战略性新兴企业通过资本市场融资更有优势；而对于技术创新弱、资金需求小和市场需求广阔的项目，战略性新兴企业通过金融中介和资本市场融资均具有一定的可行性[①]。

2.1.4.3 金融支持战略性新兴产业发展的激励约束机制

1. 金融中介促进战略性新兴产业发展的激励约束机制

金融中介的激励约束机制的实现方式是签订信贷契约。信贷契约是金融中介和战略性新兴企业对拟贷款金额、利率、抵押担保、还款方式以及违约责任等方面达成共识并签订的法律约束文件。战略性新兴企业取得贷款后，就承担起还本付息和信息披露的义务，以便金融中介为评估贷款风险而监控评估借方的经营财务状况。这在一定程度上促进企业在选择战略性新兴项目时必须慎重考虑，比如项目技术上的成功率、项目市场需求的潜力，并约束了企业选择技术创新的同时兼顾经济效益。除了信贷契约外，金融中介与企业还存在长期隐形契约关系，借款企业的信用记录对于企业长期可持续发展有重要作用，从而在一定程度上降低了借款企业的违约风险。法律体系的健全程度和执行力度也对金融中介的信贷政策有重要影响，战略性新兴企业一旦无法按时还本付息，法律措施的及时补救既可以提升金融中介支持战略性新兴产业发展的积极性和安全性，又能够从法律层面对战略性新兴企业形成激励约束。

2. 资本市场促进战略性新兴产业发展的激励约束机制

（1）激励机制。资本市场主要是通过建立股权激励机制吸引人才来形成对战略性新兴产业发展提供人力资源支撑。战略性新兴产业发展需要人才来进行技术创新和运营管理。而战略性新兴企业的发展初期资金能力不足，无法通过高薪吸引自身发展所需的优秀人才。战略性新兴企业可以借助资本市场来建立股权激励机制达到吸引人才的目的。通过股权激励，企业的长期发展目标与企业关键技术人员和管理人才的个人利益达成一致，

① 王健，张卓.金融支持对战略性新兴产业发展的影响——基于中国上市公司的实证分析.财经理论与实践，2015，（4）：62-67.

促进战略性新兴企业良性发展。

（2）约束机制。指存在于资本市场中各种对管理层行为产生约束或监督的行为和方式的统称。其主要表现形式有三：一是“用手投票”方式，股东参加股东大会，投票表决企业经营管理重大事项，约束管理层行为，主要是大股东采用该种方式；二是“用脚投票”方式，中小股东覆盖面广，一旦对公司经营状况不满意，可以选择抛出股票，势将导致股价下滑，给管理层带来外部接管的压力；三是外部接管方式，一旦上市公司管理层经营管理不善，绩效难以满足市场预期，将直接体现为资本市场的股价下跌，将给外部接管方可趁之机，大量低位买入股票成为控股股东，进而影响公司管理层行为，这是约束管理层行为的潜在威胁①。

2.1.5　金融支持产业发展的关键要点

通过对金融支持产业发展理论的演绎分析，我们可以总结出金融支持战略性新兴产业发展的关键要点。

1. 兼顾金融发展的深度与均衡性

战略性新兴产业的发展有其自身的生命周期，并在生命周期的不同阶段面临不同的市场和经营风险。因此，战略性新兴产业金融支持体系的构建与优化应考虑其生命周期阶段，并辅以相应的金融支持手段，避免采用单一的金融工具贯穿始终，政策性金融、金融中介和资本市场形成的金融结构应协调发展，尽量满足不同类型、不同阶段、不同性质的战略性新兴产业上市公司的融资需求。

2. 兼顾金融的内生性和外部性

金融支持战略性新兴产业发展既要重视金融中介和资本市场的内生形成，也要考虑外部推动。政策性金融作为外部推动的主要力量，可以引导社会资

① 毛路，吴蓓菁．股份制改造、股权结构与上市公司技术效率．经济管理，2006，(6)：19–25.

本的跟随投资，形成投资浪潮，加快金融支持体系的演化和完善步伐。

3. 兼顾金融创新与金融监管

金融创新在提高市场效率、促进技术创新、扩大金融资源量的同时，也放大了金融风险。因此，金融支持战略性新兴产业不仅要不断进行金融创新以满足战略性新兴产业独特的资金需求，也要加强金融监管力度，认真研究金融支持过程中可能出现的风险，采取防范措施，实现产融有效结合，真正落地实施，形成金融发展和战略性新兴产业发展的螺旋式上升。

2.2　战略性新兴产业金融支持效率的内涵界定

金融支持效率的界定，应从“金融支持”、“效率”及“金融支持效率”三个方面入手。

1. 金融支持

随着金融发展理论的成立和发展，研究和实践越来越重视金融发展对经济增长的作用。“金融支持”是金融发展作用机制的概念集成，研究从宏观层面到微观层面，从现象探析到本质探究均有涉及，对于诠释和分析经济发展难题具有重要作用。但“金融支持”概念界定尚无统一标准，因此，本书对金融支持的概念进行了梳理和分类。

（1）政策金融支持。处于发展阶段的经济体不可避免会存在金融体系不健全，金融机制失灵的问题。在市场失灵的前提下，政府作为规则制定者，其金融支持的政策激励力度对经济及微观实体的发展具有重要牵引作用。政策性金融支持行为可以发挥金融资源合理配置的引导作用，实现经济发展和微观经济实体的配置效率；此外，政策性金融支持行为有利于解决市场失灵问题，通过政策的制定对金融资源配置偏差进行调整校正。从政策性角度来说，金融支持是政府为实现特定的经济社会发展目标，在国家法律规定的权限内，运用惠利性金融政策来支持某一特定领域发展的行为。

（2）机构金融支持。在市场经济条件下，金融市场表现出联合发展的系统性态势。金融机构作为金融服务供应方，在支持经济实体发展方面发挥重要作用。例如，一般性金融机构主要作用于促进金融资源优化配置、拓展经济实体融资渠道等方面；而具备监督管理权力的金融机构，主要着力于稳定金融市场、优化金融生态等宏观面。可见，金融机构的经营理念和服务能力对经济实体发展的支持力度和支持效率起着关键性的作用。从系统性角度来说，金融支持是指金融机构为了与经济实体实现良性互动发展，基于一定的互利模式，提供规模、期限、价格等方面的优惠措施，面向经济实体提供金融资源支持的行为。

（3）市场金融支持。发达的资本市场是市场经济发展和微观实体进步的重要依托，资本市场是资金资源供给最充沛最直接的来源，是国民经济发展的核心支撑。资本市场的筹资功能、资金配置功能能否充分发挥，直接关系着经济体系和微观实体的发展速度、发展深度和发展效益。资本市场的融资机制、风险收益机制以及退出机制一旦实现高效完善，将能极大促进经济稳定健康发展。从市场角度来说，金融支持是指资本市场将社会闲散资金集聚，并合理配置，通过募集长期资金、分散市场风险、提高资产流动性等方式向市场主体提供支持的行为。

综上所述，金融支持概念是将金融视为一种重要资源，金融支持是指金融资源对经济实体的支撑作用，对经济发展起着决定性作用。本书对金融支持内涵的界定偏向于机构金融支持和市场金融支持的观点，即认为在市场经济体制背景下，企业作为市场主体和价值创造主体，是资金资源的需求方，金融机构和资本市场对企业提供的资金支持，则为企业的金融支持。

2. 效率

效率是一个经济学名词，一般是指经济效率。《高级汉语大辞典》对“效率”的定义有两个：一是单位时间内完成的工作量，二是投入产出比。经济学理论的“效率”的定义分为三种：（1）生产效率，即单位时间里投入产出比；（2）配置效率，即生产资源与其所提供的满足感之间的对比程度；（3）非配置效率，即保持资源配置不变，因企业管理水平提高或内部成员更加努力而产生的经济效益。虽然粗浅看来，经济学与工具书两者关于效率的定义有较大差异，但本质而言，经济学对“效率”定义的第一种含义已经包括了投入、产出和比例关系这三个要素；而第二种定义产出是满足感对比度，属于有效产出；第三种定义是企业运营实践中内部状况对产出结果的影响，依然落到投入和产出的比例关系范畴内。可见，“效率”的内核是投入、产出和比例关系。遵循“效率”内核的逻辑思路，那么“金融支持的投入和金融支持的产出之比”来作为金融支持效率的涵义。也就是说，金融支持投入越少，而有效的金融支持产出越多，则表示是高效率；金融支持投入的越多，有效金融支持产出越少，则表示是低效率。所以，可以将金融支持效率评价的指标进行分类，分为金融支持投入类和金融支持产出类。那么金融支持效率评价从效率的角度来衡量的话，其可以解析为金融支持产出与投入之间的对比关系，这种对比关系对于评价金融支持效率更加直观和明显。

3. 金融支持效率

顺着经济学定义的效率内核逻辑思路，金融的效率可以理解为金融市场对金融资源优化配置的效果，即承载虚拟经济的金融市场对经济实体运行的综合影响效果。本书基于微观实体视角，遵循经济学原则，在厘清金融支持概念的基础上，将金融支持效率定义为：金融机构及资本市场在微观经济主体间按照效率最高原则对金融资源进行优化配置，满足其资金需求，改进其资源运营能力，推动其绩效增长的有效程度。

因此，战略性新兴产业上市公司金融支持效率反映了金融机构及资本市场在战略性新兴产业上市公司间实现资金资源优化配置的程度，其内涵是战略性新兴产业上市公司以最低的交易成本从金融机构及资本市场上获取金融资源并利用所得金融资源实现产出最大化的能力。

2.3 金融支持效率的影响因素：以上市公司为视角

结合金融支持影响战略性新兴产业发展的理论分析，本书从战略性新兴产业上市公司角度对金融支持效率的影响因素进行了归纳梳理，认为影响因素分为两类：上市公司内部因素与外部环境因素（如图 2.2）。

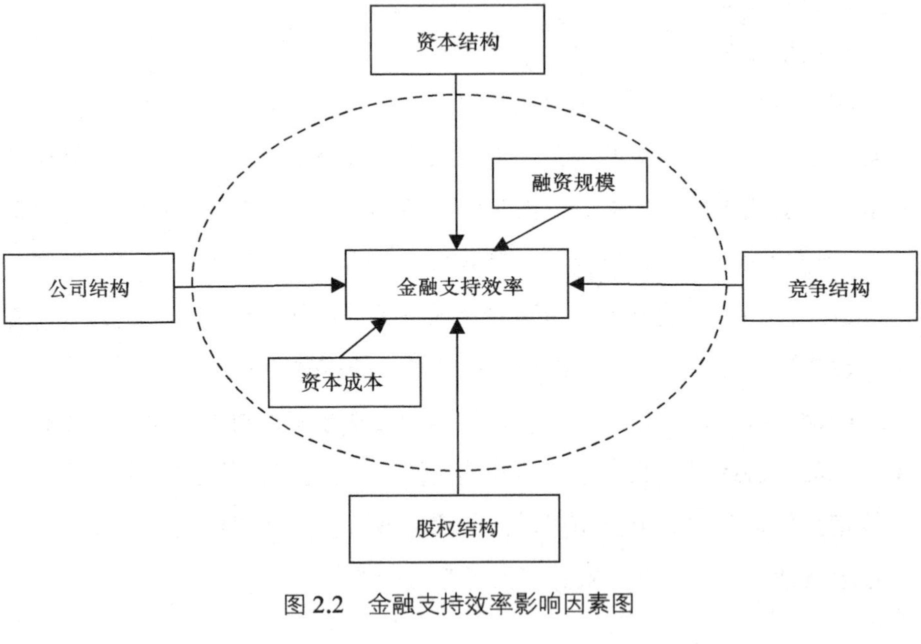

图 2.2　金融支持效率影响因素图

2.3.1 内部因素

2. 3. 1. 1 融资规模

战略性新兴产业金融支持效率实现的首要条件是筹集资金，形成融资规模用于满足生产经营需要。适当的融资规模一方面可以满足企业生产经营的资金需求，避免企业因资金不足而导致绩效不佳，另一方面，可以降低企业资金成本，避免因过度融资而资本成本负担过重。融资规模是基于企业对自身发展目标和融资能力结合权衡评估而形成的有利于企业发展的融资决策。

融资规模是由资金需求、利率水平、盈利能力、品牌美誉度等多种因素综合影响形成的。其中：（1）公司融资行为的最原始动机是基于生产经营过程中所产生的资金需求；（2）利率水平有利于企业考量融资成本和风险；（3）企业盈利水平直接影响内源融资规模，因此，盈利能力的高低将决定企业融资偏好；（4）品牌美誉度具有潜在影响能力，企业具备较好的品牌美誉度，可以提升企业价值，对企业融资能力具有正向促进作用。

2. 3. 1. 2 资本成本

战略性新兴企业的资本成本是指其在筹集和使用任何金融资源过程中所付出的相应代价，是企业进行融资决策的重要指标之一。例如发行费用、股利、借款手续费和利息等。

企业资本成本受到各种因素的影响，内部因素主要涉及企业融资策略、公司治理结构等，外部因素主要来自金融政策的变化、产品市场的变化等。对于投资者来说，资本成本是投资者进行战略性新兴企业投资运营的最低资本报酬率。

2.3.2 外部因素

战略性新兴产业上市公司金融支持效率的外部影响因素主要包括公司结构、竞争结构、股权结构和资本结构等。

2.3.2.1 公司结构

公司结构的影响主要可以从公司规模、成立年数两个方面来分析。

（1）公司规模的影响。公司规模是战略性新兴企业短期内无法选择的外部影响因素，公司规模对金融支持效率有显著影响[①~②]。公司规模大的战略性新兴企业有技术和资金的优势；公司规模小的战略性新兴企业具有更灵活的资源配置能力。必须消除该因素对公司金融支持效率的影响后再进行评价。

（2）成立年数的影响。经营时间越长的公司融资经验越足，管理上也越容易得到投资者的信赖，从而可能带来资本成本的降低和效率的提升[③]。

2.3.2.2 竞争结构

当企业所处的行业处于竞争激烈的形势，企业当前资本结构对市场竞争能力有很大的影响。企业选择高财务杠杆对后续投资能力以及市场竞争时的财务承受能力较为不利，容易导致企业处于竞争劣势。经营效率高并非企业发展的充分必要条件，企业要可持续发展必须兼具财务资源充足和经营效率高这两个重要条件。

---

① 凌江怀，胡雯蓉.企业规模、融资结构与经营绩效——基于战略性新兴产业和传统产业对比的研究.财贸经济，2012，(12)：71–77.

② 谢婷婷，马洁.西部节能环保产业上市公司融资效率及影响因素探究.财会月刊，2016，(24)：79–84.

③ Leopold S，Paul W W.Estimation and Inference in Two–stage，Semi–parametric Models of Production Processes.Journal of Econometrics，2007，136（1）：31–64.

负债率低的企业可以直面长期竞争的局面，并有调整周转的余地；负债率高的企业一旦面临竞争局面，其发生财务危机的可能性极大，容易在竞争中失利并被迫退出市场。随着战略性新兴产业的培育和发展，潜在市场需求得到开发，战略性新兴产业的竞争格局会越来越激烈，对不同战略性新兴企业的融资选择和效率影响会越来越大[①]。

2.3.2.3　股权结构

股市初创期，国家为了维护国有经济的主导地位，将上市公司股份划分为可流通股和不可流通股，从而形成了“股权分置”形态。股权分置引发了大股东通过控股影响中小股东利益的现象；此外，大股东持有不可流通股，即使经营业绩再差，也不担心该股份被收购，容易使得大股东盲目通过短期行为追求自身利益最大化，而忽视企业可持续发展能力的培养，使得资本市场系统性风险不断扩大。

为了规范上市公司股权结构，统一股权、统一市场、统一利益，统一价格，2005 年证监会发起了股权分置改革，大部分上市公司从非流通股转变为流通股。这次改革，从某种程度上改善了大股东与中小股东利益分歧，使得大股东的利益与股票市价变得息息相关。这促使大股东关注公司的可持续发展，并有效减少“掏空”行为，使得上市公司绩效得到改善。

股权分置改革前，非流通股份占据了控股地位。国有股东对上市公司的融资决策有较大的决定权，可以轻易推动上市公司股权再融资，导致股权融资沦为非流通股股东的“圈钱”工具。股权分置改革后，国有股比例逐年减少，流通股比例接近 100%。

---

① 魏权龄．数据包络分析．北京：科学出版社，2004.

2.3.2.4 资本结构

资本结构是指战略性新兴企业资金来源渠道组成比例，可以看出债权融资和股权融资比例，对于企业的资本成本、利润水平和偿债能力具有重要影响。适合企业自身发展的资本结构能够有效降低资本成本，充分发挥财务杠杆的调节功能，推动企业实现更高的自有资金收益率。

金融支持规模扩大不等同于金融支持效率处于有效状态，金融支持效率体现为企业根据自身发展需要，将各种渠道所得的金融资源进行合理分配，以实现资本成本最小化。

资本结构的合理化过程是不断调整结构以使预期收益和风险相匹配，达到资本成本最小化的过程，以实现股东财富最大化及企业价值最大化的最终目的。

2.4　本章小结

本章结合战略性新兴产业的特征，重点分析战略性新兴产业金融支持的特殊性，在梳理金融支持产业升级常规机理的基础上，归纳金融支持战略性新兴产业发展的作用机制及关键要点。战略性新兴产业具有明显的“轻资产”和“高风险”特征，其金融支持有别于传统产业。当前战略性新兴企业的发展存在明显的金融短板，产业发展阶段与融资形式、产业特征与传统的金融供给模式、产业领域中企业构成与银行贷款倾向之间，均存在明显的不匹配情形，其金融支持不仅是一个技术性的金融问题，还涉及市场的功能与定位、市场与政府的关系。金融中介和资本市场通过资本形成、风险分散和激励约束等机制作用于战略性新兴产业，其金融支持的要点在于兼顾金融发展的深度与均衡性、金融的内生性和外部性、金融创新与金融监管等。战略性新兴产业上市公司金融支持效率反映了金融机构及资本市场在战略性新兴产业上市公司间实现资金资源优化配置的程度，其内涵是上市公司以最低的交易成本从金融机构及资本市场上获取金融资源并利用所得金融资源实现产出最大化的能力。影响战略性新兴产业上市公司金融支持效率的内部因素主要来自于融资规模和资本成本，外部影响因素则主要涉及公司结构、竞争结构、股权结构和资本结构等。

第3章

中国战略性新兴产业发展态势及金融支持现状分析

“十二五”期间，在我国经济转型大背景和政府政策导向下，战略性新兴产业呈跨越发展之势，在稳增长、调结构中发挥了带动作用，成为国民经济发展的重要引领力量。本章将基于市场规模和专利申请数量对战略性新兴产业及其七大细分领域的发展态势进行全面的描述统计分析，重点探讨和对比各细分领域产业金融支持状况及困境。

3.1 “十二五”期间战略性新兴产业发展的总体态势

3.1.1 战略性新兴产业的市场规模及发展态势

数据显示，“十二五”期间，我国战略性新兴产业增加值占国内生产总值的比重达到8%左右，其增速是同期国内生产总值增速的两倍以上。一批关键技术研发取得突破，助推新的投资消费热点不断涌现，对稳增长、调结构、惠民生发挥了重要作用[①]。根据《关于加快培育和发展战略性新兴产业的决定》目标，我国战略性新兴产业增加值占国内生产总值的比重在2020年要力争达到15%左右。预计到2020年我国战略性新兴产业市场规模达到41.8万亿元（如图3.1）。

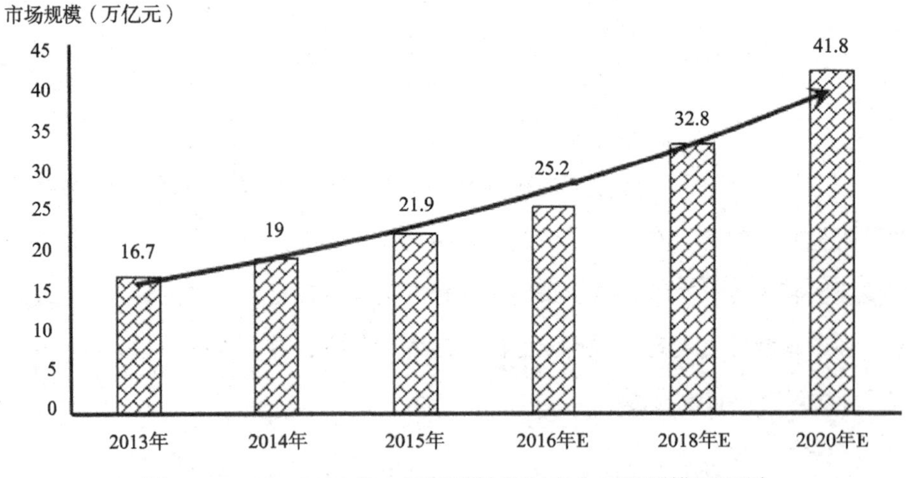

图3.1　2013—2020年中国战略性新兴产业市场规模及预测

数据来源：中商产业研究院

① 中国工程科技发展战略研究院编著：《中国战略性新兴产业发展报告》，北京：科学出版社2016年版。

3.1.2　战略性新兴产业的发明专利申请总量态势

2010-2014 年战略性新兴产业公开的发明专利申请总量呈逐年增长态势，年均增长率 20.08%。其中，以 2012 年最高，年增长率达 34.44%，其余年份的年增长率稳定在 14.32% 到 17.78% 之间（如图 3.2）。

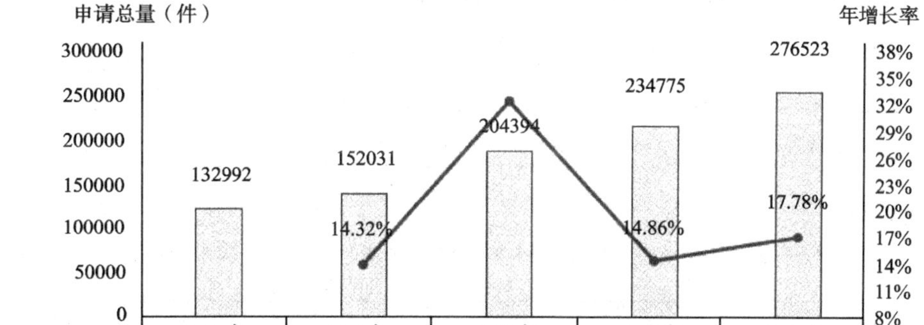

	2010年	2011年	2012年	2013年	2014年
申请总量	132992	152031	204394	234775	276523
年增长率		14.32%	34.44%	14.86%	17.78%

图 3.2　2010—2014 年中国战略性新兴产业发明专利申请状况

数据来源：国家知识产权局

虽然战略性新兴产业发明专利申请呈稳定增长态势，但在发明专利申请总体呈现快速增长的大环境下，战略性新兴产业的发明专利申请增速并未显现出优势。2010-2014 年战略性新兴产业发明专利申请的年均增长率（20.08%），明显低于同期发明专利申请总体的年均增长率（25.25%）。战略性新兴产业发明专利申请在同期发明专利总申请中的占比亦呈逐年略微下降趋势（从 42.11% 下降到 35.57%）。综上所述，战略性新兴产业的发明专利申请增速低于预期，在发明专利申请数量方面未能发挥科技创新领军者的作用。

3.1.3 战略性新兴产业七大细分领域的发明专利申请情况对比

七大战略性新兴产业中，新一代信息技术产业近五年的发明专利申请总量居首位，五年申请总量占各产业合计量的26.63%，生物产业占25.09%，节能环保产业排名第三占21.47%，前述三个产业的发明专利申请量之和超过战略性新兴产业各产业合计量的七成，具有支柱性地位。新能源汽车产业相对于其他战略性新兴产业发明专利申请量最少，居于七大战略性新兴产业的末位（如表3.1）。值得注意的是，生物产业的发明专利申请量近年来增长迅猛，在2014年，已经超过了新一代信息技术产业的申请量。

表3.1 2010—2014年七大战略性新兴产业发明专利申请量

战略性新兴产业	2010年	2011年	2012年	2013年	2014年
节能环保	31917	36049	51194	57758	70559
新一代信息技术	44394	50625	61924	70963	79016
生物	38851	43233	57604	65961	83577
高端装备制造	8662	10105	13707	16045	18106
新能源	9542	12504	16781	19156	19395
新材料	17725	19851	30109	34354	39321
新能源汽车	2675	3512	4753	6341	6261

数据来源：国家知识产权局

从近5年整体形势上看，七大战略性新兴产业各产业均呈增长趋势。新能源汽车产业2010-2014年年均增长率最高，达到了23.69%；新材料产业、节能环保产业、生物产业、高端装备制造产业、新能源产业的年均增长率依次为22.04%、21.94%、21.11%、20.24%、19.40%，新一代信息技术产业的年均增长率显著低于其他各产业，只有15.50%。

3.2　节能环保产业发展态势及金融支持状况

3.2.1　节能环保产业发展态势

发展节能环保等战略性新兴产业是中国经济可持续发展的重大战略选择。《决定》将节能环保产业放置在七大产业之首，体现了节能环保产业发展的必要性和紧迫性。预计到 2020 年，节能环保产业将成为国民经济的支柱产业之一。

1. 节能环保产业政策导向

与传统行业不同，节能环保行业依靠国家政策拉动和法规标准倒逼，其市场规模因国家节能环保目标而有所变动。国家已经出台“大气十条”“水十条”“土十条”等一系列相关政策措施。其中，水污染治理、大气污染防治、垃圾处理、土壤修复等领域扶持力度加大（如表 3.2 所示）。

表 3.2　2014—2016 年中国节能环保产业政策

时间	政策	政策关键内容
2014 年	修订《环境保护法》	建设多元共治、联防联治的现代环境治理体系。
2015 年 4 月	出台《水污染防治行动计划》	力争在2020年全国水环境质量得到阶段性改善。
2015 年 5 月	出台《节能减排补助资金管理暂行办法》	联防联控、源头治理、科技治霾、重点治霾。
2015 年 8 月	修订《大气污染防治法》	主要采用补助、以奖代补、贴息和据实结算等方式

续表

时间	政策	政策关键内容
2016 年 5 月	出台《土壤污染防治行动计划》	2020年，受污染耕地安全利用率达90%，污染地块安全利用率达90%以上。
2016 年 7 月	发布《工业绿色发展规划（2016–2020年）》	大力推进能效提升，加快实现节约发展

2. 节能环保产业发展迅速

据中国节能协会节能服务产业委员会（EMCA）调查统计结果，截至“十二五”期末，全国从事节能环保业务的企业比“十一五”期末增长了近 6 倍，总数达到 5426 家；行业从业人员比“十一五”期末增长了近 2.5 倍，达到 60.7 万人。截至 2015 年底，产值过亿元的节能服务公司达 453 家（其中超过 10 亿元的 25 家，超过 5 亿元的 142 家，超过 1 亿元的 286 家）；“十二五”期间，合同能源管理累计投资过亿元的节能服务公司达 531 家（其中超过 10 亿元的 34 家，超过 5 亿元的 112 家，超过 1 亿元的 385 家）。这些数据从不同角度反映了节能环保产业迅猛发展的现状[①]。

就产值规模来看，近几年节能环保产业发展迅速，年均增长率均在 13% 以上，总产值从 2012 年的 29908.7 亿元提升至 2015 年的 45531.7 亿元（如图 3.3）。

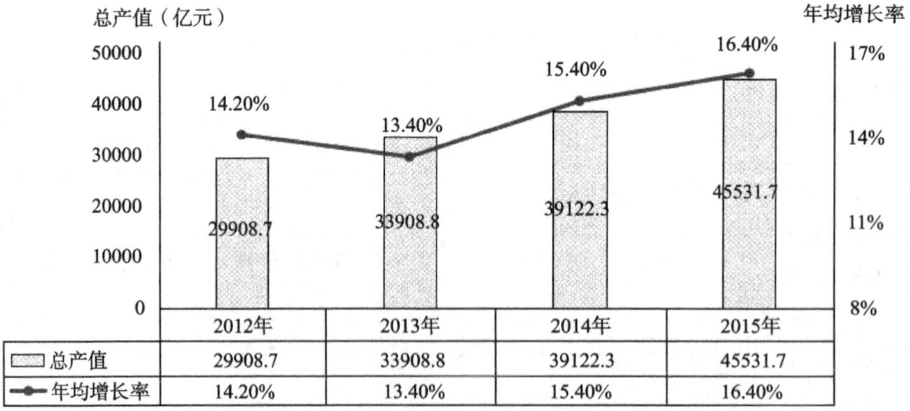

	2012年	2013年	2014年	2015年
总产值	29908.7	33908.8	39122.3	45531.7
年均增长率	14.20%	13.40%	15.40%	16.40%

图 3.3　2012—2015 年节能环保产值规模

① 张万军．节能服务产业：节能减排的重要力量．电气时代.2016，(2)：24–25.

3. 节能环保产业发展趋势

《中国制造 2025》聚焦绿色发展，助力节能环保产业渗透力提升。技术节能和管理节能并举，推动节能环保产业结构软化。污水处理厂大规模提标改造，开启精细设备应用新篇章。节能环保领域保持高速增长，资源循环利用领域缓慢复苏。“产业 +” PPP（公私合营）模式引领行业变革，倒逼企业向全产业链型转变。雾霾多发促政策加码，超低排放和 VOCs（挥发性有机化合物）治理成新举措。政府重启万亿土壤修复市场，助力节能环保产业跨越发展。随着上述政策的落地实施，预计我国节能环保产业 2016-2018 年将保持 18% 的年均增长率，预计到 2018 年，我国节能环保产业的总产值将达到 7.5 万亿元。

3.2.2　节能环保产业金融支持状况

1. 中国节能环保产业的股权融资和债权融资状况

随着国家政策导向的日益明晰和节能服务产业连续数年的持续增长，各类金融机构的进一步认可、各种融资手段的有机结合、节能服务公司商务模式的创新、节能服务产业内部资源的高效整合，节能服务公司在融资方面不断取得突破性进展，开创节能服务产业投融资全新局面。

（1）债权融资方面，随着节能环保的重要性日益凸显、国家的重视程度逐步提升以及节能环保公司不断成长，节能环保产业的战略投资价值被金融机构所认同，越来越多的金融机构为节能服务公司提供金融服务业务，并开展“绿色信贷”业务，例如兴业银行、招商银行、北京银行、浦发银行、民生银行等。商业银行纷纷采取措施以加大推行“绿色信贷”的力度。越来越多的节能环保公司获得银行贷款，贷款额度也在扩大，部分节能环保公司已取得金融机构的高额授信。

（2）股权融资方面，节能环保公司所显示出来的巨大市场潜力和强劲的成长能力，日益成为风险公司竞相追逐的投资对象。这一方面体现了节能环保公司作为朝阳产业的投资价值日益凸显，另一方面直接有效地突破了节能环保公司融资困境。越来越多的节能环保公司相继挂牌上市，众多公司也陆续完成 1 ～ 2 轮股权融资，即将上市，节能环保公司进入资本市场直接融资的步伐正在加快。可见，随着节能环保公司不断完善内部治理结构、提升核心竞争力，股权融资规模将快速扩大。

本书选取了 74 家节能环保产业上市公司样本，对比分析 2015 年节能环保产业上市公司的股权融资状况和债权融资状况。

表 3.3　2015 年节能环保产业上市公司股权融资和债权融资情况

上市板块	企业数目	股权融资		债权融资	
		股权融资总额（亿元）	股权融资均值（亿元）	债权融资总额（亿元）	债权融资均值（亿元）
主板	13	279.2	21.48	777.19	59.78
中小板	34	410.26	12.07	724.62	21.31
创业板	27	373.44	13.83	267.5	9.91
总计	74	1062.9	14.36	1769.31	23.91

如表 3.3 所示，目前节能环保产业主板和中小板的债权融资规模较股权融资规模大，说明债权融资仍然是节能环保产业主板和中小板上市公司重要的资金来源。创业板的股权融资规模（373.44 亿元）较债权融资规模（267.5 亿元）大，说明节能环保产业创业板上市公司由于经营规模和技术创新风险等因素，很难直接通过银行等金融机构获得金融支持，因此更倾向于通过资本市场直接融资。

2. PPP（Public-Private-Partnership）模式的推广应用

在地方政府债务高筑、融资平台受限的大背景下，PPP 等创新模式的推广运用将直接影响节能环保行业发展空间和速度。PPP 模式是指政府与私人组织之间，为了合作建设城市基础设施项目，或提供某种公共物品和服务，以特许权协议为基础，通过签署合同来明确双方的权利和义务，彼此之间形成一种伙伴式的合作关系，促使合作各方实现比预期单独行动更为有利的结果。PPP 模式以特许经营权的方式将部分政府的社会责任转移至合作的社会主体（企业），二者之间建立起“利益共享、风险共担、全程合作”的共同体关系，既能减轻政府的财政负担，也能有效地防控社会主体的投资风险。

3. PPP 项目及投资额情况

十八届三中全会提出了建立吸引社会资本投入生态环境保护的市场化机制，环保投融机制和政策将进一步优化和创新。2016 年 10 月，国家财政部发文提出垃圾、污水处理等新项目强制应用 PPP 模式。我国节能环保产业 PPP 模式正在迈向扩大应用阶段，截至 2016 年 3 月末，全国 PPP 项目库中污水处理项目数量最多，排水项目数量最少；生态环保项目的投资额最大（如图 3.4）。

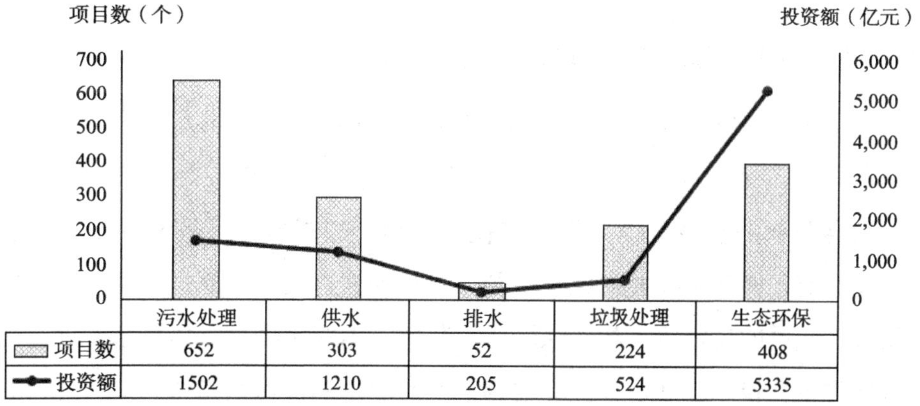

	污水处理	供水	排水	垃圾处理	生态环保
项目数	652	303	52	224	408
投资额	1502	1210	205	524	5335

图 3.4　2016 年 3 月末全国 PPP 项目库中不同类型环保项目投资规模

4. 节能环保产业全社会投资额

“十二五”期间，我国节能环保产业以 15%～20% 的速度增长，节能环保投资达 3.4 万亿元，比“十一五”期间增长了 62%，占到 GDP 的 3.5%。预计“十三五”期间，全国节能环保产业年投入量将增至 2 万亿元左右，社会环保总投资有望超出 17 万亿元（如图 3.5）。

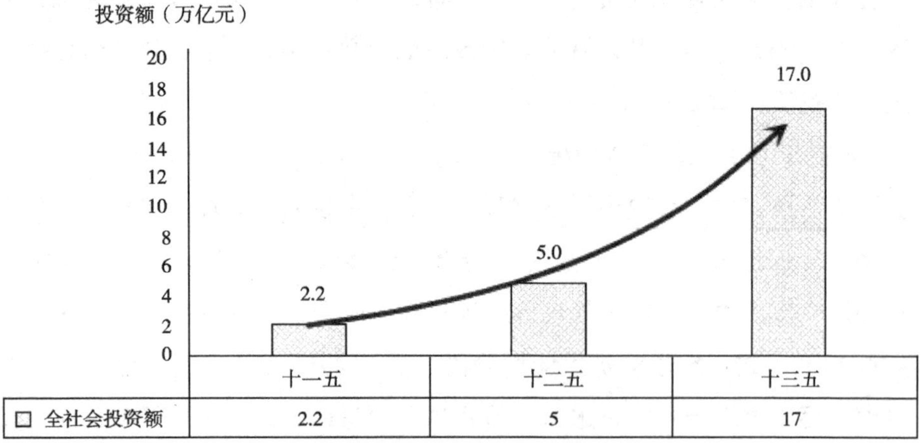

图 3.5 “十三五”期间节能环保产业的全社会投资额

3.2.3 中国节能环保产业的金融支持困境

1. 节能环保投资项目收益率低且具不确定性

节能环保项目大部分是以公共服务为主，收益率一般较低，以免加重社会公众的经济负担；但是收益率低也使得投资方投资意愿低。而且不同节能环保项目收益稳定性不同，例如环保建设工程项目可以凭借设施设备建成后的稳定运行相对获取稳定收益，但污水处理等项目基本上是一次性建设，投资者获取投资收益则受到政府信用、谈判能力及支付能力影响，存在较大不确定性。从而影响投资者的投资行为，造成金融支持力度不足。

2. 节能环保企业信贷资信能力弱

目前我国节能环保产业以中小企业群体为主，这些中小企业信用等级较低，且其资产主要为土建及设备等固定资产，现金转化能力偏弱，节能环保项目主要体现为环境类的效益，无法作为金融机构的担保条件，造成大部分中小节能环保企业无法获得信贷金融支持。

3. 绿色金融配套体系尚不完善

虽然随着节能环保产业的重视程度提升和战略地位的确定，国家鼓励绿色信贷、绿色债券、绿色信托等金融创新，但因绿色金融产品尚处于起步阶段，且配套措施仍未完善，市场对绿色金融的投资意愿无法立即提升，形成金融支持困境。

3.3 新一代信息技术产业发展态势及金融支持状况

2011年3月，国家发布的“十二五规划纲要”已明确将“新一代信息技术产业”列为重点发展产业，力图在新一代移动通信、下一代互联网等六个方面实现重点突破[①]。国务院印发的《中国制造2025》将新一代信息技术产业列入重点发展的十大领域。显然，在政策驱动、产业变革、融合发展、智能转型的新形势下，电子信息技术无疑仍是引领新一轮变革的主导力量。

3.3.1 新一代信息技术领域发展态势

相对节能环保、生物、高端装备制造这三个支柱型战略性新兴产业而言，新一代信息技术拥有一定的先发优势：（1）产业发展起点高。我国的信息技术产业已在国际上具备一定优势；（2）产业规模大。我国培育了一批较大的企业，形成大量的中小企业，建成了大批产业基地，各地发展的热情极高；（3）市场空间广阔。新应用如雨后春笋、产品不断升级换代、互联网的普及覆盖、两化融合的持续深化都给新一代信息技术产业发展带来巨大的市场空间；（4）产业关联紧密。新一代信息技术产业与其他新兴产业关联度高，是其他战略性新兴产业发展的技术依托和发展基础。节能

① 新一代信息技术分为六个方面，分别是下一代通信网络、物联网、三网融合、新型平板显示、高性能集成电路和以云计算为代表的高端软件。

环保产业、生物产业、新材料产业的发展均必须依托于信息技术手段；新能源产业、新能源汽车的电池和电控等产品也是信息技术产品；高端装备制造业的核心组件是信息技术实现的。

1. 中国的崛起正在改变全球互联网格局

全球互联网新技术的发展普及应用为发展中国家创造了赶超机遇，改变了新一代信息技术产业的国际竞争格局（如图 3.6）。2014 年底，美国作为全球互联网的发源地，拥有 2.8 亿互联网用户，互联网普及率为 87%；而中国互联网用户已经达到 6.49 亿，互联网普及率为 47.9%，占全球互联网用户总量的 22%，是美国的两倍。就总量和发展空间而言，中国占据明显优势，但在技术和普及率方面美国仍然占有极大优势。2014 年市值排名 TOP15 的互联网公司中，美国占 11 席，中国占 4 席，分别是排在第 3 名的阿里巴巴（市值 2327.55 亿美元）、第 6 名的腾讯（市值 1901.10 亿美元）、第 8 名的百度（市值 715.81 亿美元）和第 11 名的京东（市值 477.11 亿美元）。由此可见，经过多年的持续发展，互联网领域发生了全面的变迁，中国的快速崛起正在改变以往由美国主导的全球互联网格局。

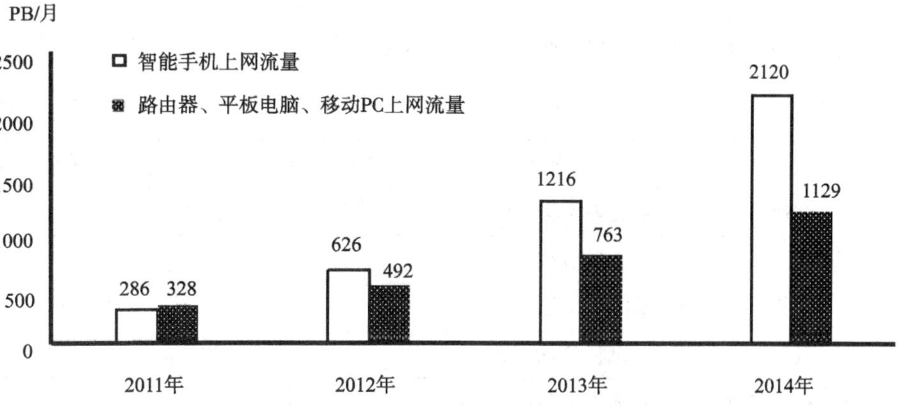

图 3.6　2011—2014 年全球移动互联网流量增长

资料来源：赛迪智库整理

2. 新一代信息技术对各行业的贡献

在智能制造方面，智能设备、机器、集群、网络互相连接，形成由互联网核心硬件层、操作系统层、应用软件层和信息层等构成的庞大的制造生态系统，实现设计、制造和装备智能化，提高了生产效率，变革了传统的价值链过程，重组了产业链的分工以及企业与消费者之间的关系。在网络化制造方面，基于大数据、云计算构成覆盖整个产品生产过程和生命周期的全新价值链系统，突破了生产经营范围和方式的空间约束，优化了生产系统的沟通、协调和控制，推动了产业组织模式和制造模式创新，降低了制造成本。

新一代信息技术不仅改变了生产制造环节，而且改变了传统制造业的内涵，将产品与服务有机结合，并且再造产品的工艺流程和价值链条，以更好地为客户创造价值。比如，结合互联网和 3D 打印技术，制造商可以以更低的成本、更简单的流程为客户提供诸如汽车、机器人、电磁炮甚至航天设备等个性化定制的产品。根据 GE 的预测，到 2025 年，新一代信息技术将产生 10 万亿～ 15 万亿美元的 GDP 贡献，同时为企业节省大量的能源并提高系统效率（如表 3.4）。目前，新一代信息技术发展已成为美国重振制造业、提高制造业全球竞争力的重要部署[①]。

表 3.4　新一代信息技术对各行业的贡献

行业	效率提升	未来 15 年预计产生的价值（亿美元）
医疗	系统效率提升 1%	630
航空	燃料节约 1%	300
铁路	系统效率提升 1%	270
电力	燃料节约 1%	660
石油和天然气	资本支出节约 1%	900

资料来源：GE 预测

① GE.INDUSTRIAL INTERNET−Pushing the Boundaries of Minds and Machines.2012−11

3. 中国物联网推进发展

自 2013 年以来，大数据、云计算、移动互联网融合发展，全球物联网应用已进入实质推进阶段。我国物联网产业呈现快速增长态势，根据工信部的数据，我国物联网产业规模从 2009 年的 1700 亿元跃升至 2015 年的 7500 亿元（如图 3.7）。

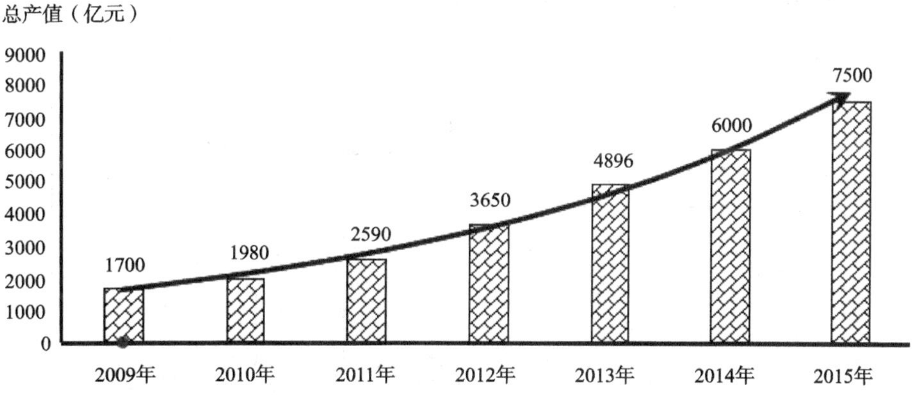

图 3.7　2009—2015 年中国物联网产业规模

我国物联网产业规模不断扩大，集聚发展态势日趋明显，产业体系逐渐完善，我国物联网进入快速发展期。目前，我国已经初步形成覆盖物联网感知制造、网络制造、通信业和应用服务等相对齐全的产业门类和涵盖长三角、珠三角、环渤海和中西部四大物联网产业集聚发展区。

物联网作为通信行业新兴应用，在万物互联的大趋势下，市场规模将进一步扩大。随着行业标准完善、技术不断进步、国家政策扶持，中国的物联网产业将延续良好的发展势头，为经济持续稳定增长提供新的动力。移动互联向万物互联的扩展浪潮，将使我国创造出相比于互联网更大的市场空间和新一代信息技术产业发展机遇。

4. 中国大数据产业的发展

目前，我国大数据产业正处于高速发展期，多种商业模式得到市场印证，新产品和服务不断推出，细分市场走向差异化竞争。

2011年以来，大数据产业规模不断扩大，从2011年的37.4亿元迅速提升至2015年的102亿元，且保持30%以上的增速，预计2018年可以实现258.6亿元（如图3.8）。2015年中国大数据市场行业投资结构中，金融、通信、零售为前三大行业，投资占比分布为16.7%、15.9%和14.0%。政府、医疗、旅游投资比例分别为13.5%、10.3%和3.8%。六大行业累计占比74.2%。其他行业包括教育、制造、能源、媒体、互联网等，累计占比为25.8%。

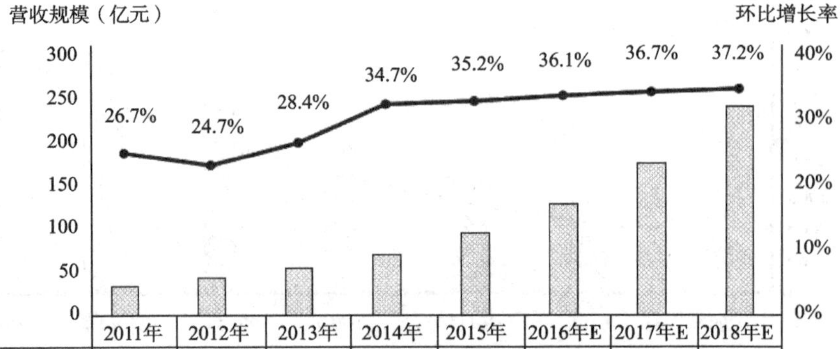

	2011年	2012年	2013年	2014年	2015年	2016年E	2017年E	2018年E
营收规模	37.4	47.3	59	75.7	102	137.9	188.5	258.6
环比增长率	26.70%	24.70%	28.40%	34.70%	35.20%	36.10%	36.70%	37.20%

图3.8　2011—2018年中国大数据产业规模

5. 中国新一代信息技术产业的发展

近年来，国家围绕产业发展需求，通过统筹协调和科学布局，有力推动了我国信息技术发展。新一代信息技术行业随着信息技术发展，以及全球智能化社会需求，其市场规模不断扩大，2015年我国新一代信息技术市场规模5.06万亿，较2011年1.93万亿，增长3.13万亿元，增长162.18%；企业数量2015年达到11469家，较2014年10642家，增加827家，同比增长7.78%。经过30年积累和发展，我国电子信息行业已具备一定的基础实力，但总体还处在较低端水平。通过坚持创新驱动，大力推动新产品、新技术、新领域发展，在核心技术、关键基础零部件和装备、关键软件等方面有所突破。新一代信息技术产业成为产业从低端向高端转型的重要风口。预计到2020年，新一代信息技术产业市场规模将有望突破10万亿元大关。新一代信息技术产业的战略性重要性和良好前景日益成为政府和社会各方面的共识，各方力量共同推进新一代信息技术产业发展的政策合力和经济合力初步形成。

3.3.2　新一代信息技术领域金融支持状况

新一代信息技术行业作为国民经济的基础性、支柱性、先导性和战略性产业，在国家政策的大力支持下快速发展。2013 年以来，我国商业银行加大对新一代信息技术行业的信贷支持力度，适应信息技术发展的新趋势，引导产业向价值链高端延伸。但是由于新一代信息技术行业还处于成长期，商业银行将严格控制企业的信贷规模，信贷投向结构也将进一步调整，以控制行业的不良贷款率。

我国大多数新一代信息技术公司的技术创新和快速发展需要大量的资金资源作为支撑前提。各级政府也纷纷出台政策以专项资金作为新一代信息技术产业发展初期的“发动机”。由于新一代信息技术公司具有公司规模小、发展潜力大、技术变化快等特点，高效快捷的融资能力和科学合理的配置能力是关键。

本书选取了 71 家新一代信息技术产业上市公司样本，对比分析 2015 年新一代信息技术产业上市公司的股权融资状况和债权融资状况。

表 3.5　2015 年新一代信息技术产业上市公司股权融资和债权融资情况

上市板块	企业数目	股权融资		债权融资	
		股权融资总额（亿元）	股权融资均值（亿元）	债权融资总额（亿元）	债权融资均值（亿元）
主板	15	325.58	21.71	1941.46	129.43
中小板	32	325.81	10.18	625.73	19.55
创业板	24	273.87	11.41	154.84	6.45
总计	71	925.26	13.03	2722.03	38.34

如表 3.5 所示，目前新一代信息技术产业主板和中小板的债权融资规模较股权融资规模大，说明债权融资仍然是新一代信息技术产业主板和中小板上市公司重要的资金来源。创业板的股权融资规模（273.87 亿元）较债权融资规模（154.84 亿元）大，说明新一代信息技术产业创业板上市公司由于经营规模和技术创新风险等因素，很难直接通过银行等金融机构获得金融支持。

3.3.3 新一代信息技术产业的金融支持困境

新一代信息技术公司在研发投入、技术创新、市场推广和产业化等产业链环节均需要大量的金融资源作为支撑，目前我国新一代信息技术公司普遍存在资金短缺的金融支持困境，造成技术创新能力提升缓慢、国家市场竞争力不足等现实问题，制约了新一代信息技术产业的蓬勃发展。

1. 融资渠道有限且供给能力不足

现阶段，大部分中小型新一代信息技术企业主要依赖于企业自筹资金。高科技风险投资市场尚未形成规模，且资本市场仅能针对小部分有市场效益体现的新一代信息技术企业，造成大部分中小型新一代信息技术企业在技术开发和成果商业推广方面难以获得关键的金融支持。此外，由于目前投资银行和共同基金等金融支持规模有限，金融支持新一代信息技术企业受到各类政策的限制和影响，因此，导致新一代信息技术企业面临融资困境。

2. 知识产权难以抵押贷款

新一代信息技术企业的优势及资产主要集中为知识产权，主要包括专利、软件开发权及其他机密技术信息等。知识产权虽然目前在我国有一定的评估标准，但主要偏向于知识产权转让目的，而利用知识产权进行融资则面临一定的困难。主要原因在于，金融机构对于知识产权质押评估和贷款管理尚不完善，造成新一代信息技术企业很难将知识产权作为质押获得信贷支持。

3. 信用及担保等支持体系不完善

第一，社会信用制度尚不健全，新一代信息技术企业尤其是在创业初期的企业融资成本高，无力发展成长。第二，金融支持中介机构尚不规范，导致服务于高科技发展的金融交流平台、中介服务组织无法发挥支持作用。第三，融资担保体系的不健全，造成新一代信息技术企业在发展前期因市场效益尚不明显，没有机构愿意担保提供金融支持。

3.4 生物产业发展态势及金融支持状况

当今生物产业发展的经济社会效益日益凸显，当前我国步入老龄化社会的现实，更是对我国生物产业发展提出了新的要求。为改变目前我国生物产业自主研发能力薄弱和生物医药关键技术落后局面，提升产业国际竞争力，国务院制定了发展规划以重点发展该产业，取得了重大进展。

3.4.1 生物产业发展态势

我国生物产业产值近年来保持快速增长，从 2008 年的 1.1 万亿元增长至 2015 年的 3.6 万亿元，在 GDP 中的比重提升至 5.32%（如图 3.9）。在生物技术的支撑下，生物经济正成为中国经济的重要增长点之一。

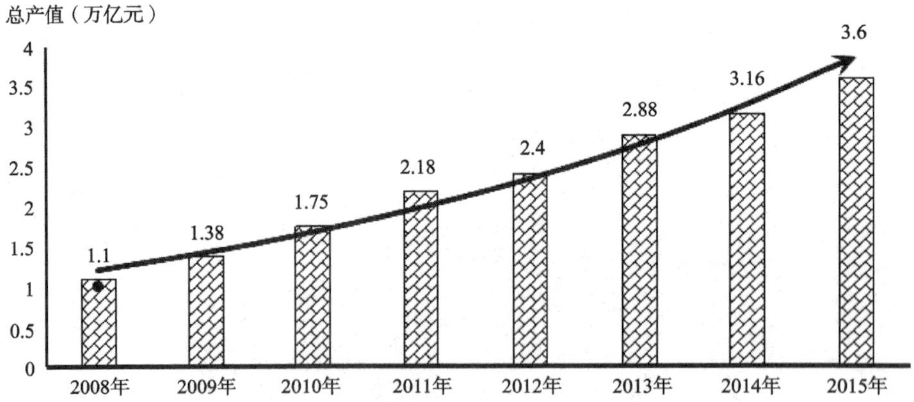

图 3.9 2008—2015 年中国生物产业规模

近年来，中国政府对生物技术的研发投入持续增加，年均增长率达到 28%。我国生物技术发展取得了一批标志性的新成果，生命科学和生物技术在支撑引领经济发展中的作用日益显现。如重大新药创制、重大传染病防治等科技重大专项的实施，为加快培育战略性新兴产业发展提供新动力；生物制造、生物能源、生物环保、生物肥料和生物育种等先进适用技术的推广应用，促进了农业、工业等传统产业的转型升级；健康服务、养老服务业的兴起和发展，形成了医疗科技服务新业态。

3.4.2　生物产业金融支持状况

据《2010-2015 年中国生物质能产业市场运行暨领先企业研究报告》介绍，就全球生物医药领域而言，仅 2014 年，吸纳风险投资、上市融资、并购重组三项总额合计 2248 亿美元。金融资本已成为推动生物医药领域创新创业的重要力量。技术创新、商业模式和金融资本深度融合，正在重塑生物领域的创新链与产业链，推动着产业的深刻变革，也给我国生物产业发展带来了更多难题和挑战。

中国生物产业公司整体规模较小，信用和资产抵押基础薄弱，金融机构贷款能力弱，融资困境瓶颈效应明显。目前中国风险投资、资本市场等因生物产业公司投资金额大、技术创新产业化周期长的特点还处于观望阶段，因此，生物产业公司的研发创新在初期和产业化阶段都面临资金困境。虽然各级地方政府在国家政策支持下积极响应，设立了各类投融资平台引导社会资本踊跃进入，但体制机制尚需时间梳理，平台作用尚未完全发挥作用。

1. 风险投资情况

随着老龄化的加剧及医疗卫生成本的不断提升，特别是受医药行业的政策密集发布的影响，近年来我国生物医药产业的风险投资日趋活跃，2008-2013 年期间，年投资总额基本在 10 亿美元左右。2014 年我国生物医药领域的风险投资更是激增，投资总额相比 2013 年上升 73.0%，达 17 亿美元；交易数量相比 2013 年上升 56.8%，共计 69 项；平均交易额比 2013 年上升了 9.1%，约 2400 万美元（如图 3.10）。

续表

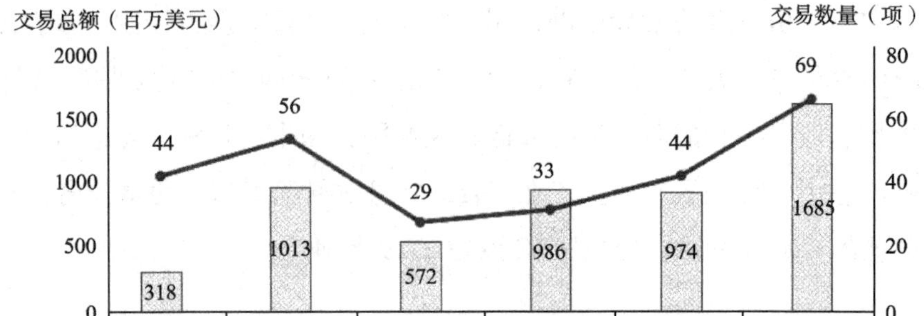

	2009年	2010年	2011年	2012年	2013年	2014年
交易总额	318	1013	572	986	974	1685
交易数量	44	56	29	33	44	69

图 3.10　2009—2014 年中国生物医药产业风险投资情况

2. IPO 融资情况

我国生物医药产业首次公开募股（IPO）的黄金时期出现在 2009-2011 年，其中 2010 年该产业 IPO 募集资金额达 58.6 亿美元。2014 年，我国 IPO 的监管制度更为严格，中国证券监督管理委员会对我国当年 IPO 的公司数量进行了控制，受此影响，我国生物医药产业 IPO 市场表现平平，IPO 募集资金额仅约 20 亿美元，比 2010 年下降了近 65%（如图 3.11）。

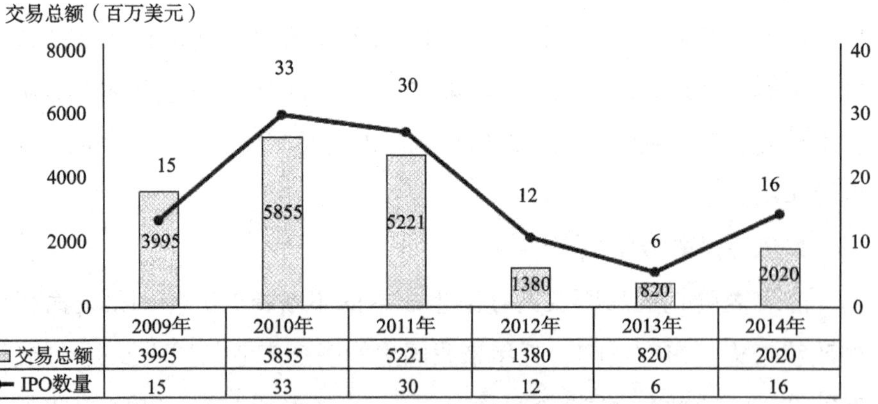

	2009年	2010年	2011年	2012年	2013年	2014年
交易总额	3995	5855	5221	1380	820	2020
IPO数量	15	33	30	12	6	16

图 3.11　2009—2014 年中国生物医药产业 IPO 融资情况

3. 2015 年生物产业上市公司股权融资和债权融资情况

本书选取了 58 家生物产业上市公司样本，对比分析 2015 年生物产业上市公司的股权融资状况和债权融资状况。

表 3.6　2015 年生物产业上市公司股权融资和债权融资情况

上市板块	企业数目	股权融资		债权融资	
		股权融资总额（亿元）	股权融资均值（亿元）	债权融资总额（亿元）	债权融资均值（亿元）
主板	25	262.62	10.50	642.9	25.72
中小板	24	358.97	14.96	320.45	13.35
创业板	9	117.43	13.05	72.29	8.03
总计	58	739.02	12.74	1035.64	17.86

如表 3.6 所示，目前生物产业主板的债权融资规模（642.9 亿元）是股权融资规模（262.62 亿元）的 2.5 倍，说明债权融资方式是生物产业主板上市公司重要的资金来源。生物产业中小板和创业板的股权融资规模大于债权融资规模，说明生物产业中小板和创业板上市公司由于经营规模和技术创新风险等因素，很难直接通过银行等金融机构获得金融支持，因此更倾向于通过资本市场直接融资。

3.4.3　生物产业金融支持困境

当前我国支持生物产业发展的投融资体系极不健全，直接资本市场和间接资本市场均无法给该产业成长提供所需资金。生物产业投资周期长、投入资金大且风险高，而目前我国生物产业发展所需资金基本依靠自身积累，不能得到投融资体系的有效支持，出现要么是该产业研究成果滞留于实验室，要么后期“卡壳”、产业化停滞的困境。

1. 政策性金融扶持不够

目前我国没有形成区域性的或全国性的政策性金融扶持机制。生物产业自身发展特点和政策导向决定了其在发展过程中无法取得金融业科技贷款。该类融资一般瞄准大中型企业，而生物技术企业大多处于初创期的小企业，无法从这一渠道获得融资。只能依靠诸如科技型中小企业技术创新基金、中小企业信用担保机构、科技企业孵化器等中小企业融资服务机构。但这些地方性组织规模小，融资能力有限，融资覆盖面窄，不能对生物产业发展提供有效支持。

2. 风险投资不到位

目前我国对生物技术的风险投资机制不完善、投资力量薄弱，起到的促进作用不足。财税政策无鼓励，风险投资退出机制未形成、专业中介机构的缺乏和中介渠道不畅通以及法律法规约束和保护的缺失，都制约了我国风险投资的发展，导致我国生物产业发展无法从其获得有效资金支持。

3.5　高端装备制造产业发展态势及金融支持状况

技术密集度高、技术资金密集、产业关联度高是高端装备制造产业的典型特点，加上吸纳就业能力强，使得高端装备制造业往往成为发达国家谋求工业强国地位的战略重点。从《国务院关于加快培育和发展战略性新兴产业的决定》可以看出，我国也将高端装备制造业作为未来国民经济发展的支柱产业和长时期内提升中国制造业核心竞争力、促进产业升级的重要抓手进行扶持发展。

3.5.1　高端装备制造领域发展态势

自 2010 年来，我国高端装备制造业整体技术水平持续提升，围绕国民经济各行业发展要求开发了一批高端装备，产业格局初步形成，具备了一定产业规模并呈增长之势。数据显示，2010 年，我国高端装备制造业的销售收入（约 1.6 万亿元）占装备制造业总销售收入的 8%；2015 年，我国仅智能制造、高速轨道交通、海洋工程装备三领域产值占装备制造业比重就超过 10%。2011 年中国高端装备制造业的航空装备、卫星及应用、海洋工程装备、智能制造装备和轨道交通装备五个重点领域产值规模为 10862 亿元；而 2015 年末增长至 26060 亿元，年复合增长率在 24% 以上（如图 3.12）。

近年来我国高端装备制造业在规模发展的同时，产业布局和产业空间格局逐步形成，产业竞争力也逐步提升，整体发展态势良好。但与世界

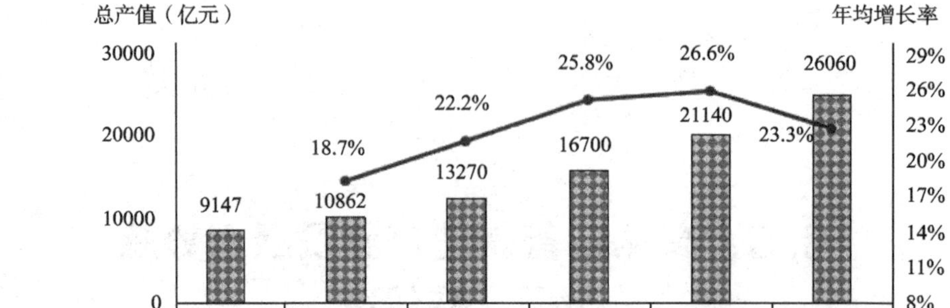

	2010年	2011年	2012年	2013年	2014年	2015年
总产值	9147	10862	13270	16700	21140	26060
年均增长率		18.7%	22.2%	25.8%	26.6%	23.3%

图 3.12　2010—2015 年中国高端装备制造业重点领域产值规模

强国相比，我国高端装备制造业在创新能力、基础配套能力、市场满足能力、相关基础设施和服务体系建设等方面仍存在较大差距。

3.5.2　高端装备制造领域金融支持状况

我国高端装备制造业的“走出去”战略实施需要银行机构提供综合性、专业化的金融支持，并针对性满足重点行业、重点企业、重点项目的融资需求。截至 2014 年末，中国进出口银行共签约装备制造业进出口和“走出去”贷款 2111 亿元人民币，余额约达 8000 亿元，涉及支持项目 364 个，商务合同金额 975 亿美元，在支持我国高端装备制造业“走出去”战略中发挥了重要作用，但整个银行体系对产业的融资力度远远不够。为剖析我国高端装备制造业金融支持现状，本书选取了 61 家高端装备制造产业上市公司样本，对比分析 2015 年高端装备制造产业上市公司的股权融资状况和债权融资状况。

如表 3.7 所示，目前我国高端装备制造产业主板的债权融资规模（1590.85 亿元）是股权融资规模（579.03 亿元）的 2.7 倍；中小板的债权融资规模（852.98 亿元）是股权融资规模（454.3 亿元）的 1.9 倍；说明债权融资方式是高端装备制造产业主板和中小板上市公司重要的资金来源。

表 3.7　2015 年高端装备制造产业上市公司股权融资和债权融资情况

上市板块	企业数目	股权融资		债权融资	
		股权融资总额（亿元）	股权融资均值（亿元）	债权融资总额（亿元）	债权融资均值（亿元）
主板	16	579.03	36.19	1590.85	99.43
中小板	36	454.3	12.62	852.98	23.69
创业板	9	82.29	9.14	65.59	7.29
总计	61	1115.62	18.29	2509.42	41.14

高端装备制造产业创业板的股权融资规模大于债权融资规模，说明高端装备制造产业创业板上市公司由于经营规模和技术创新风险等因素，很难直接通过银行等金融机构获得金融支持，因此更倾向于通过资本市场直接融资。

3.5.3　高端装备制造领域金融支持困境

1. 融资渠道狭窄

高端装备制造业的资金主要来源于企业自有资金和部分外部融资，外部融资主要包括股权融资和债权融资等。高端装备制造业具有资金密集型、生产周期长的特性，资金投入需求量大，企业的自有资金远远无法满足其发展需求。

2. 间接融资困难

由于我国金融机构的发展创新滞后于高端装备制造业的发展速度，间接金融支持力度不足。高端装备制造产业融资高度集中于银行信贷，而银行信贷的发放对象聚焦于国有大型企业。对于高端装备制造业民营类和中小型企业而言，因其经营规模偏小、技术创新能力较低、信贷风险较高，因此，该类企业极难获得银行信贷支持。在企业债券方面，高端装备制造企业受到净资产规模及经济效益等多因素的局限性，大部分均难获准发行企业债券。

3. 直接融资困难

中国资本市场经过不断发展，直接金融体系不断完善，但因为受 IPO 发行制度限制，大部分高端装备制造中小型企业很难通过资本市场进行直接融资，进行必要的转型升级。受资金限制，高端装备制造企业的发展步伐被迫放缓。

3.6　新能源产业发展态势及金融支持状况

新能源产业也是战略性新兴产业的重要发展领域，主要包括可再生、新能源的利用和对传统能源进行技术变革所形成的新能源。前者主要是对风能、太阳能、生物质能、地热能、海洋能等可再生能源的开发利用，后者则主要针对煤炭、石油等的清洁高效利用、车用的新型燃料以及智能电网等。新能源产业具有高投资、长周期、收益预估难等特点。

3.6.1　新能源产业的发展态势

新能源产业在我国规模化发展起步较晚，技术相对落后，总体产业化程度相对较低。但在巨大的市场需求空间以及我国丰富的天然资源禀赋条件加上国家相关政策引导扶持下，新能源产业投资升温，技术利用水平逐步提高，产业规模迅速壮大。为优化能源结构、改善环境状况、提高农村能源品质等发挥着重要作用，与部分国家相比能源产业领域已具备相当规模。但跟发达国家相比，在资源评价、技术水平、机制等多个方面存在较大差距的许多障碍和瓶颈仍未消除。

表 3.8　2010 年和 2020 年中国可再生能源技术目标

可再生能源	2006 年	2010 年	2020 年目标
风电（GW）	2.6	5	30
生物质能发电（GW）	2	5.5	30
光伏发电（百万立方米）	0.08	0.3	2
太阳能热水器（百万立方米）	100	150	300
生物质柴油和气化（亿立方米 / 年）	80	190	440

数据来源：可再生能源中长期发展规划

基于新能源产业对于经济增长的投资拉动效应、能源供给效应和技术进步效应，国家重视程度显著加强，我国新能源行业已经有了快速的发展。但受市场、成本和技术等因素制约，新能源产业短期内无法成为中国经济增长的支撑。仍需加大对新能源产业的培植力度，使新能源产业成为我国经济新的增长点。

1. 我国风电装机容量再创新高

2015 年全国（除台湾地区外）新增安装风电机组 16740 台，新增装机容量 30753MW，同比增长 32.6%；累计安装风电机组 92981 台，累计装机容量 145362MW，同比增长 26.8%（如图 3.13）。

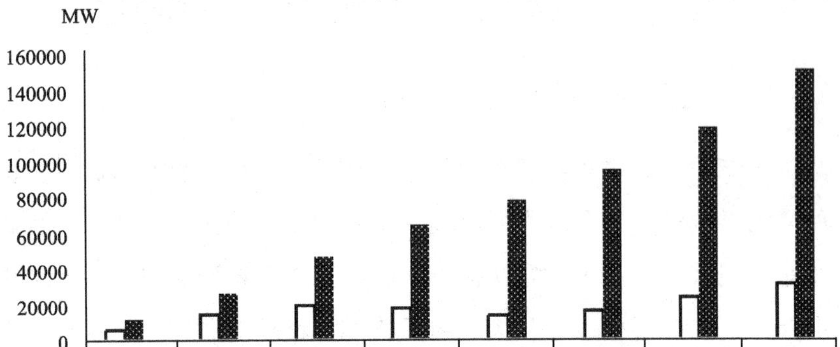

	2008年	2009年	2010年	2011年	2012年	2013年	2014年	2015年
□ 新增装机量	6154	13803	18929	17630	12960	16089	23196	30753
▩ 累计装机量	12002	25805	44734	62364	75324	91413	114609	145362

图 3.13　2008—2015 年中国新增和累计风电装机容量

数据来源：中国可再生能源学会风能专业委员会

2. 我国太阳能光伏发电装机容量再创新高

近年来，我国光伏产业规模持续扩大，行业发展总体趋好（如图 3.14）。截至 2015 年底，我国光伏发电全年新增装机容量 1513 万千瓦（占全球新增装机的四分之一强），累计装机容量 4318 万千瓦，成为全球光伏发电装机容量最大的国家。伴随着我国光伏行业的进一步发展，预计未来几年，光伏行业市场容量将呈现出逐年增长态势。据预测，到 2022 年我国光伏累计装机容量将达 141GW。

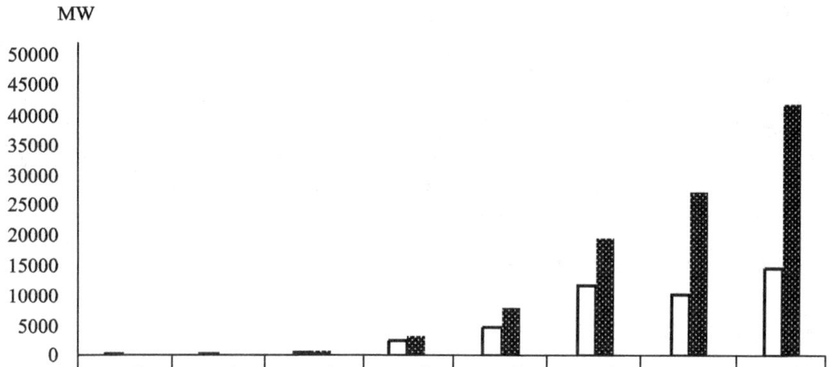

	2008年	2009年	2010年	2011年	2012年	2013年	2014年	2015年
□ 新增装机量	40	160	500	2500	5000	12000	10600	15130
▩ 累计装机量	140	300	800	3300	8300	20300	28050	43180

图 3.14　2008—2015 年中国新增和累计太阳能光伏装机容量

数据来源：国家能源局

3.6.2　新能源领域的金融支持状况

1. 2015 年全球新能源产业金融支持情况

2015 年全球太阳能发电和风力发电融资仍是全球新能源产业融资的主要组成部分。其中，全球太阳能发电融资额为 1610.4 亿美元，风力发电融资额为 1096.4 亿美元（如表 3.9）。

表 3.9　2015 年全球新能源产业融资的能源类型构成

新能源产业	2010	2011	2012	2013	2014	2015
太阳能发电	1036.9	1548.2	1461.8	1190.6	1437.8	1610.4
风力发电	986.8	842.2	819.1	905.8	1056.6	1096.4
能源智能技术	333.5	358.8	372.4	358.7	410.0	414.3
小型水电项目	79.3	72.1	63.6	55.1	54.7	39.1
生物质及垃圾发电	156.8	179.6	135.0	105.4	104.1	60.2

续表

生物质液体燃料	101.0	103.3	72.3	56.8	47.2	30.8
低碳服务及支持	12.0	39.9	24.6	20.4	18.3	15.4
地热能发电	28.4	37.0	18.4	24.1	26.1	20.1
海洋能发电	2.6	2.6	2.7	2.4	3.7	2.1
合计	2737.3	3183.5	2969.9	2719.3	3158.5	3268.8

数据来源：中国产业信息网

2. 中国新能源产业金融支持情况

目前新能源产业除了水能发电技术较为成熟外，其他可再生能源发电技术尚处研发阶段，想要取得技术突破，政策性金融应发挥金融支持的先锋作用。融资渠道的缺乏一直是遏制中小企业进入该行业并快速发展的主要障碍。

（1）银行信贷方面。在我国，新能源行业多以中小型企业为主，其自身发展多依靠投资者股权资本，获得银行信贷资金较少，主要以国家政策性银行领衔。从银行的角度来看，太阳能光伏项目投资的确存在着非常复杂的情况。例如，集中式电站远离负荷，存在“弃光”的风险；而分布式电站则存在屋顶和土地使用权的问题，太阳能电站运营期一般为20-25年，而中国企业平均寿命为10年左右，企业可能破产，屋顶可能易主，存在巨大的不确定性。光伏资产收益稳定的优点，受所有权问题的影响非常大。

（2）直接融资方面。新能源项目初期投资大，投资回收期长，属于资本密集型行业，国外新能源企业多通过资本市场直接融资的形式发展业务。而目前我国资本市场制度建设的现状，《公司法》《证券法》等对公司上市发行股票有诸多限制；目前的IPO制度，是由证监会发审委主导的审批制，门槛较高，政策性障碍较大，多数新能源企业难有机会。

（3）风投和私募股权。对于新兴产业来说，VC和PE一直是融资的主要来源之一。而目前我国资本市场尚不完善、不成熟，IPO复杂繁琐，资本成功退出的渠道不通畅。因此，国内外的风投资本大多数是以少量的投资保持观望的态度。

因此，新能源产业急需稳定有效、多元化的投融资渠道给予金融支持。这就要求投资政策、财税政策、金融政策三者联动，政策性金融、信贷支持、资本市场支持形成合力，才能满足新能源产业跨越式发展的资金需求。

3. 2015 年新能源产业上市公司股权融资和债权融资情况

本书选取了 69 家新能源产业上市公司样本，对比分析 2015 年新能源产业上市公司的股权融资状况和债权融资状况。如表 3.10 所示，目前新能源产业主板、中小板和创业板的债权融资规模（3898.91 亿元）是股权融资规模（1448.86 亿元）的 2.7 倍，这说明债权融资方式是新能源产业主板和中小板上市公司重要的资金来源。

3.6.3　新能源领域的金融支持困境

现阶段，中国新能源产业的金融支持渠道主要包括银行贷款、股票融资、债券融资和风险资本。虽然多样化渠道对于新能源产业的融资困境有一定缓解，但是因其资金需求量大而投资回报率相对较低，目前的金融支持力度无法满足新能源企业的发展需要。

表 3.10　2015 年新能源产业上市公司股权融资和债权融资情况

上市板块	企业数目	股权融资		债权融资	
		股权融资总额（亿元）	股权融资均值（亿元）	债权融资总额（亿元）	债权融资均值（亿元）
主板	27	934.2	34.60	2922.31	108.23
中小板	31	364.46	11.76	814.87	26.29
创业板	11	150.2	13.65	161.73	14.70
总计	69	1448.86	21.00	3898.91	56.51

1. 政策导向激励不足

近年来，我国陆续出台相关政策以促进新能源产业健康快速发展，如上网电价补贴政策，一定程度促进了风电产业的快速发展。但是政策只能涉及部分新能源细分行业，无法全面涵盖产业所需。现阶段，仍有许多省区未出台针对当地新能源产业发展的支持政策，仍有大量的新能源投资建设项目没有纳入各级政府的财政预算范围内，造成新能源产业发展的激励力度不足。

2. 投资风险大造成资本吸引力弱

由于新能源产业尚处于发展初期，技术创新尚处于研发阶段，投资回报期长。因此，与其他行业相比，投资风险较大。一方面体现在行业市场风险。行业发展初期，市场前景虽然较好，但经济效益尚无法体现，且行业国内外市场竞争激烈，市场需求不确定因素增强，造成新能源企业经营风险扩大。另一方面体现在技术风险。新能源产业技术创新尚处于初级阶段，核心技术仍不成熟，且子行业技术可替代性高，造成新能源产业的产业链各环节存在较大的技术风险。由于市场风险和技术风险预期，使得投资者投资动力不足，金融支持陷入困局。

3. 间接融资渠道受阻

企业间接融资最主要渠道是各类商业银行。然而现阶段，由于风险防控及信贷政策的局限性，造成商业银行信贷以大中型国有企业为主，较高的信贷门槛，使得大部分新能源企业无法获得商业银行信贷支持。具体到地方性商业银行，因其信贷规模限制，更是对新能源产业的巨额融资需求爱莫能助，对于已经贷款的资金存量均已逐渐实施压缩和逐渐退出的信贷政策，信贷增量更是难上加难。

4. 直接融资渠道受阻

我国新能源产业直接融资额约占总体资金来源的10%，远低于国外新能源产业的融资水平。资本市场是直接融资最重要的渠道，由于上市审查严格，能够通过资本市场获得金融支持的新能源企业数量只有少部分。直接融资的另一主要渠道是风险投资，目前国内风险投资体系尚不成熟，专业能力较低，无法准确辨明新能源项目的经济效益和投资回报情况，投资行为处于尝试、探索和观望阶段，投资额小，远远无法满足新能源产业的资金缺口。

3.7　新材料产业发展态势及金融支持状况

新材料技术的重点是开发性能优异的新型结构材料和功能材料，其开发成功有助于带动整个制造业实现技术突破。新材料产业作为国家战略性新兴产业之一，具有多功能、高性能、低成本和复合化等特点，有力地推动了国民经济增长。

3.7.1　新材料领域的发展态势

1. 新材料产业政策规划

“十二五”以来，我国政府高度重视新材料产业的发展，随着《“十二五”国家战略性新兴产业发展规划》和《新材料产业“十二五”发展规划》等国家层面战略规划的出台，工信部、发改委等有关部委相继发布了新材料产业及其他战略性新兴产业的相关发展规划（详见表 3.11）。

表 3.11　2010—2016 年中国新材料产业相关发展规划

年份	发展计划	涉及新材料相关领域
2010	《国务院关于加快培育和发展战略性新产业的决定》	高性能复合材料、先进结构材料、新型功能材料
2011	《当前优先发展的高技术产业化重点领域指南（2011 年度）》	纳米材料、核工程用特种材料、特种纤维材料、膜材料及组件、特种功能材料、稀土材料等
2011	《国家“十二五”科学和技术发展规划》	新型功能与智能材料、先进结构与复合材料、纳米材料、新型电子功能材料、高温合金材料、高性能纤维及复合材料、先进稀土材料等

续表

年份	发展计划	涉及新材料相关领域
2012	《新材料产业“十二五”发展规划》	特种金属功能材料、高端金属结构材料、先进高分子材料、新型无机非金属材料、高性能复合材料、前沿新材料
	《半导体照明科技发展“十二五”专项规划》《高品质特殊钢科技发展“十二五”专项规划》《高性能膜材料科技发展“十二五”专项规划》等	半导体照明材料、高品质特殊钢材料、新型轻质合金、膜材料、生物医用材料、锂离子动力电池材料
2013	国务院《国家集成电路产业发展推进纲要》《关于加快发展节能环保产业的意见》《国务院关于促进光伏产业健康发展的若干意见》等	大尺寸硅、光刻胶等集成电路关键材料、太阳能电池材料、锂离子动力电池材料
2014	《关于加快新能源汽车推广应用的指导意见》《关键材料升级换代工程实施方案》	锂离子动力电池材料，信息功能材料、海洋工程材料、节能环保材料、先进轨道交通材料
2015	《中国制造 2025》	特种金属功能材料、高性能结构材料、功能性高分子材料、特种无机非金属材料和先进复合材料
2016	《关于加快新材料产业创新发展的指导意见》	先进基础材料：高品质钢铁材料、新型轻合金材料、工业陶瓷及功能玻璃材料等；关键战略材料：耐高温及耐蚀合金、高性能纤维及复合材料、先进半导体材料、生物医用材料等；前沿材料：石墨烯、增材制造材料、智能材料、超材料等

2. 新材料项目增长

近年来新材料项目快速增长。自 2012 年以来，投融界平台上的新材料项目数由 18 个增长到了 2014 年的 138 个，增长了近 7 倍；到 2015 年年底，新材料项目数接近 284 个，较上一年翻了一番。新材料项目逐渐受到创业者和资本的重视以及热捧。

目前我国新材料项目近 3 成处于初创期。受新材料十三五规划等政策引导，新材料创业项目在不断增加，一些原有的传统材料工业项目正在向新材料项目转变，迈向中高端产业。投融界大数据显示，32% 的新材料项目处于初创期，成长期和扩张期的项目分别占 21% 和 11%，种子期的项目仅占 8%，另有少部分项目已处于成熟期或者准备 IPO。

新材料项目主要集中在新型无机非金属材料、前沿新材料、先进高分子材料领域，这些新材料在新能源、环保、环境治理、通信、航天航空、国防军工、医疗器械等领域广泛使用，市场需求比较大，因此成为热门项目。而高端金属结构材料、高性能纤维及复合材料以及特殊金属功能材料等项目，由于特定的市场和技术壁垒，在新材料项目中所占比重只有 5%。

3. 新材料产业产值规模

随着政府产业规划及提振措施的实施和新材料项目的增长，我国新材料产业产值规模稳定增长。数据显示，2010 年中国新材料产业规模为 0.65 万亿元，2015 年该指标增长至 1.9 万亿元左右，年均增速保持在 25% 左右（如图 3.15），关键新材料保障率上升到了 70%。

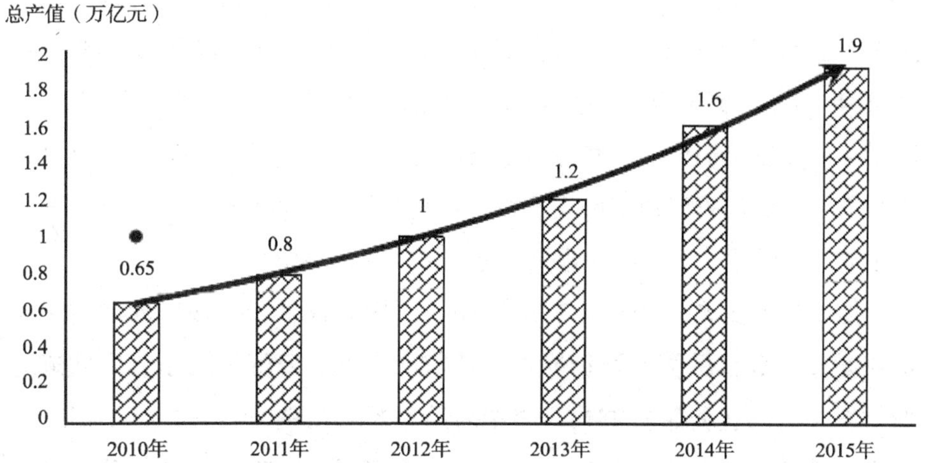

图 3.15　2010—2015 年中国新材料产业产值规模

4. 新材料产业发展存在的问题

目前，我国新材料行业的发展主要面临以下几个问题，包括基础原材料整体技术水平不高，单位产出消耗的资源和能源过高；核心技术和生产工艺受制于国外，部分重要装备过于依赖进口；配套与工程化能力较弱，产业链存在缺失，高端环节的产业化水平偏低；部分新材料的产出能力有限，难以满足国家重大工程和国防建设的强烈需求；产业整体竞争力有限，部分行业产能严重过剩等；服务不到位，满足企业创新创业需求的中介机构与服务平台缺失；支撑新材料成果转化和工程化过程的投入以及针对开发风险较大项目的资金保障机制缺乏等，这些因素都成为我国新材料产业发展的桎梏。

3.7.2 新材料领域的金融支持状况

新材料行业周期短、技术含量高的特性形成了资金和技术的双重壁垒，新材料企业经营成功的极少，市场集中度低。除了突破技术创新的瓶颈外，金融支持对新材料行业的培育和发展十分关键。

新材料项目研究和开发的投入高，故资金缺口往往较大。融资需求在1000万元～1亿元之间的项目占比达44%，亿元以上的资金需求占比超过14%。2015年1月，上海合复新材料科技公司获3000多万元A轮融资；2015年10月，经营互联网+新材料的盟大集团获得5000万元B轮融资。除了一般的投资机构，一些针对新材料的专项投资基金正在建立。据公开资料显示，浙江省温州市设立了新材料创新创业投资基金，中国石化联合会参与组建的化工新材料产业投资基金正在筹建当中。

据投融界大数据统计，75%的项目采用股权融资，19%的项目采用债权融资。股权融资的融资成本较债权融资低、筹资风险小，因此成为新材料项目的主要融资方式。资本对新材料项目越来越重视，如启赋资本已经将新材料列为主打投资方向，大力布局，其投资新材料项目已超过20个。

新材料的高技术壁垒需要投入大量资金用以研发突破，而技术创新将发挥专利垄断效应，从而高额回报投资者。除了自有资金外，私募股权基金、风险投资、创业板上市是新材料企业获得金融支持的重要途径。新材料企业还应发挥专利技术这项重要无形资产的作用，利用其作为抵押获得信贷支持，满足企业发展所需。

本书选取 67 家新材料产业上市公司样本，对比分析 2015 年新材料产业上市公司的股权融资状况和债权融资状况。

表 3.12　2015 年新材料上市公司股权融资和债权融资情况

上市板块	企业数目	股权融资		债权融资	
		股权融资总额（亿元）	股权融资均值（亿元）	债权融资总额（亿元）	债权融资均值（亿元）
主板	26	471.39	18.13	906.22	34.85
中小板	29	374.45	12.91	416.71	14.37
创业板	12	104.6	8.72	87.1	7.26
总计	67	950.44	14.19	1410.03	21.05

如表 3.12 所示，目前新材料产业主板和中小板的债权融资规模较股权融资规模大，说明债权融资仍然是新材料产业主板和中小板上市公司重要的资金来源。创业板的股权融资规模（104.6 亿元）较债权融资规模（87.1 亿元）大，说明新材料产业创业板上市公司由于经营规模和技术创新风险等因素，很难直接通过银行等金融机构获得金融支持。

3.7.3　新材料领域的金融支持困境

高投入、高风险是新材料产业发展的典型特点，难以获得融资支持是新材料产业发展中面临的突出难题。

1. 资金供给规模不足

处于成长期的新材料产业，首要任务就是技术开发。而技术研发，尤其是关键、核心技术的研发和新成果的转化，需要大量资金投入。而目前的新材料产业的研发资金基本上只能依靠企业自身积累。同时，新材料技术产品的生产和销售等环节也需足够资金支撑。总之，从目前新材料产业发展来看，其资金供给规模远远不能满足其需求。

2. 资金供给渠道单一

我国新材料企业多为中小型企业，在其发展过程中的融资渠道主要是依靠股东注入资金以及企业盈余资金投入，其次就是银行贷款。目前自筹资金中借助资本市场股权融资的比例不大，而银行贷款对中小企业的对口限制多、期限短，又无融资租赁、投资基金、信用担保贷款、发行债券和吸引外资等方式补充配合，造成了我国新材料产业中小企业资金来源单一，从而导致融资不畅的困境。

3. 融资成本偏高

目前我国新材料产业发展中，企业融资是以间接融资为主。银行对新材料企业的限制条件多，要求企业有稳定的现金流和足够的实物资产担保，方可提供贷款。不仅不能享受优惠利率，而且要承受浮动利率风险以及承担一些包括抵押资产评估费、担保费等在内的额外费用。这些既限制了新材料企业的融资能力，也增大了其融资成本，阻遏了我国新材料产业的发展壮大。

3.8　新能源汽车产业发展态势及金融支持状况

新形势下，我国大力发展新能源汽车产业，既是响应世界正倡导“绿色环保”“节能减排”发展理念的需要，也是破解国内正面临的转型升级困局的有力手段；既是缓解经济扩张中常规能源短缺的需要，也是提振我国汽车制造产业，逐步占据中高端环节，由汽车生产大国迈向汽车制造强国的迫切要求。新能源汽车产业集汽车技术、能源技术与电子控制技术发展为一体，具有技术高、带动广和投资大的特点。加快发展新能源汽车产业对于推进我国机电能源技术协同发展，促进汽车产业结构升级调整，加速节约型社会建设具有十分重大的意义。近年来，国家各项政策均向新能源汽车倾斜，为其研发推广和技术创新铺路。

3.8.1　新能源汽车领域的发展态势

新能源汽车行业作为国家“十二五”时期重点发展的七大战略性新兴产业之一，在最近几年取得了长足发展，产业化前期打下了坚实基础，目前正处于加速产业化的阶段，且在向新能源汽车普及道路上加速前进。

1. 新能源汽车产销规模呈现增长态势

2010-2015 年，我国新能源汽车产销规模保持着较快的增长速度。由中国汽车工业协会数据可以读出，从 2015 年来看，新能源汽车产销 340471 辆和 331092 辆，同比分别增长 3.3 倍和 3.4 倍。2016 年 1-7 月，新能源汽车产销 21.5 万辆和 20.7 万辆，同比增长 119.8% 和 122.8%（如图 3.16）。

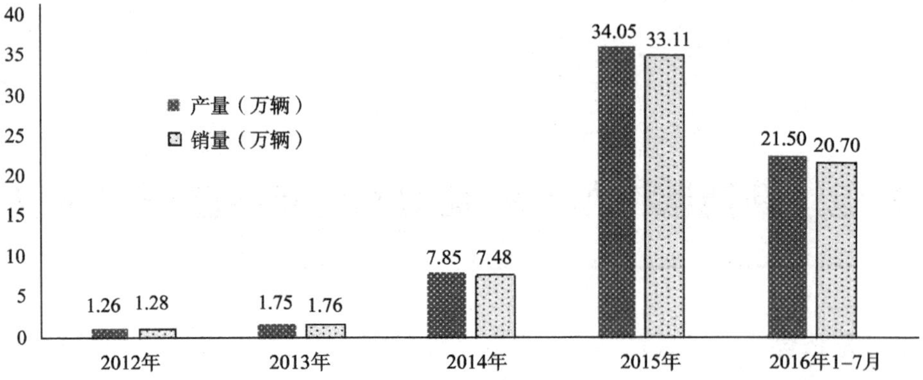

图 3.16 2012—2016 年新能源汽车产销规模增长图

新能源汽车增速迅猛，主要受政策驱动、限购以及优惠、一线城市限行等多重因素的推动所致。基于产业升级、低碳经济和环保压力的考虑，政府主管部门推出一系列新能源汽车的购车补贴优惠政策，政策从产销两端齐发力，并积极推动解决新能源汽车亟待解决的充电需求在内的相关设施建设。此外，城市规模不断在扩大，但新能源汽车却不在限行、限购行列，这使得新能源汽车在需求端上更具优势，一定程度上推动了新能源汽车需求扩张。

2. 新能源汽车市场的应用情况分析

目前，我国新能源汽车市场应用主要在公共交通系统领域，新能源公交汽车成为新能源汽车“先锋”，而私人新能源汽车市场启动缓慢。新能源公交汽车市场的迅速发展，主要得益于各地方政府环保意识增强，加大了对新能源公共交通工具的支持；同时，相比较于私人新能源汽车，新能源公交汽车对相关配套设施的要求较低，也促进了新能源公交汽车的发展。

尽管当前我国私人新能源汽车推广应用较慢，但考虑到我国汽车普及率还相对较低，市场潜力具备，我国新能源汽车转换空间较大，后发优势明显，行业发展前景广阔。

3. 新能源汽车产业发展趋势

根据我国新能源汽车产业分三阶段走目标，我国新能源汽车产业已经历了产业化前期阶段（2008-2010 年）和产业化阶段（2011-2015 年），下一步是进一步普及阶段（2016-2020 年）。数据显示，我国新能源汽车产业市场规模 2015 年为 3.69 万亿元，预计 2020 年该指标将达到 39.97 万亿元（如图 3.17）。未来 10 年我国传统燃油汽车保有量会受到能源和环境保护的限制，为了在消费者对汽车的需求和国家节能环保政策要求之间求得均衡，唯有增加我国新能源汽车的数量，扩大新能源汽车的市场规模。

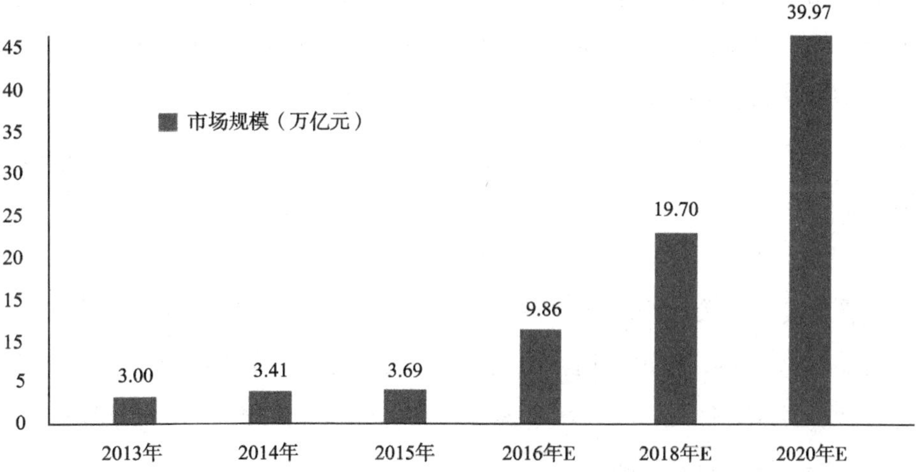

图 3.17　2013—2020 年中国新能源汽车行业市场规模及预测

数据来源：中商产业研究院

3.8.2　新能源汽车领域的金融支持状况

由于新能源汽车尚无法完全商业化，企业利润水平无法满足发展速度，因此新能源汽车企业金融支持主要来源于自有资本和政策性金融支持；新能源汽车公司上市也在加快步伐。

1. 自有资本

新能源汽车企业很多是由于传统汽车企业看中其未来发展趋势而独立成立的专业研发运营公司，因此其技术研发和管理所需资金皆来源于母公司的财务支持。以东风汽车财务公司和一汽财务有限公司等为代表的服务于集团内部资金调度的汽车集团财务公司的产生，从某种程度上可以提高集团内部资金便利和使用效率。但它对整个汽车产业链并未消除有效覆盖，因此自有资本对我国新能源汽车产业的支持作用十分有限。

2. 政策性金融

近年来，尽管从中央到地方的各级政府均纷纷颁布政策扶持措施，但真正精准的为新能源汽车发展提供政策性金融支持尚未形成气候。除了财政部、科技部、工信部和国家发改委联合发布的《关于2016-2020年新能源汽车推广应用财政支持政策的通知》公布了2016年到2020年的新能源汽车推广应用补助政策外，其他支持财税和政策性金融举措较为缺乏。

3. 股权融资

受市场与政策利好的刺激，各新能源汽车公司都加大了资本市场的筹资力度，2015年，仅比亚迪、力帆、杉杉三家上市公司通过定向增发方案筹资就超过300亿元。主要用于提升动力电池和充换电设施，以解决新能源汽车的发展“瓶颈”问题。

4. 债权融资

整个新能源汽车产业链在资金存在约束的情况下主要通过向银行申请贷款以获得融资。近年来占据大量金融资源的商业银行又开始推广供应链融资新模式，拟以整车企业为核心，逐步向上下游企业拓展融资业务。此外不断涌现的汽车金融公司，可为汽车生产商提供更多的定制化融资产品，以满足新能源汽车整个产业的融资需求。

本书选取了69家新能源汽车产业上市公司样本，对比分析2015年新能源汽车产业上市公司的股权融资状况和债权融资状况。

表 3.13　2015 年新能源汽车产业上市公司股权融资和债权融资情况

上市板块	企业数目	股权融资		债权融资	
		股权融资总额（亿元）	股权融资均值（亿元）	债权融资总额（亿元）	债权融资均值（亿元）
主板	12	155.99	13.00	642.8	53.57
中小板	41	370.18	9.03	1329.84	32.44
创业板	16	112.76	7.05	90.07	5.63
总计	69	638.93	9.26	2062.71	29.89

如表 3.13 所示，目前新能源汽车产业主板的债权融资规模（642.8 亿元）是股权融资规模（155.99 亿元）的 4 倍；新能源汽车产业中小板板的债权融资规模（1329.84 亿元）是股权融资规模（370.18 亿元）的 3.6 倍；说明债权融资方式是新能源汽车产业主板和中小板上市公司的主要资金供给渠道。在三大板块中，唯有创业板的股权融资规模大于债权融资规模，说明新能源汽车产业创业板上市公司由于经营规模和技术创新风险等因素，很难直接通过银行等金融机构获得金融支持，因此更倾向于通过资本市场直接融资。

3.8.3　新能源汽车领域的金融支持困境

1. 自有资金的局限性

新能源汽车产业脱胎于传统汽车产业，依靠获得集团的自有资金支持，但是就整体产业链的资金需求来看，新能源汽车产业自有资本无法达到其要求，对我国新能源汽车产业的支持作用十分有限。另外，汽车财务公司数量有限，仅能惠及少部分新能源汽车企业。

2. 银行贷款的局限性

新能源汽车产业金融支持要求金融机构具有较高的专业化和金融产品

创新能力。现阶段，金融机构缺乏相应的专业技术人才，无法提供针对新能源汽车产业的专业化金融支持服务。新能源汽车产业链长，金融机构的信贷支持模式单一，无法满足新能源汽车产业链上所有企业的融资需求；且金融支持能力有限，无法覆盖新能源汽车整条产业链，而一旦产业链一环出现资金不足无法发展，将导致全产业链的发展断层。随着市场经济下滑，金融机构限贷惜贷，使得新能源汽车企业极难获得信贷支持。

3. 汽车金融公司服务的局限性

受国际金融危机的影响，我国金融监管趋紧。汽车金融公司对于新能源汽车金融服务的支持受到一定程度的影响。一方面，随着国家规定汽车金融公司不得在注册地以外的地方设立分公司，此举将减弱汽车金融公司的金融业务拓展，金融支持规模难以扩大，使得新能源汽车从此渠道获得金融支持的可能性进一步降低。另一方面，现阶段国家外汇从严管理，汽车金融公司无法获取国际资本，限制了我国汽车金融公司资金实力的壮大，也削弱了国家外汇对新能源汽车的资金支持能力。

3.9　本章小结

本章运用统计数据分析了我国战略性新兴产业发展态势及金融支持状况。总体而言，“十二五”期间，我国战略性新兴产业增加值占国内生产总值的比重达到 8% 左右，其增速是同期国内生产总值增速的两倍以上。战略性新兴产业公开的发明专利申请总量呈逐年增长态势，年均增长率 20.08%，但战略性新兴产业的发明专利申请增速低于预期，在发明专利申请数量方面未能发挥科技创新领军者的作用。七大战略性新兴产业各产业均呈增长趋势。新能源汽车产业 2010-2014 年的年均增长率最高，新材料产业、节能环保产业、生物产业、高端装备制造产业、新能源产业的年均增长率稳定在 20% 左右，新一代信息技术产业的年均增长率显著低于其他各产业，只有 15.50%。

七大细分领域的金融支持现状存在较一致的共性：主板和中小板部分，战略性新兴产业的债权融资规模大于股权融资规模，债权融资方式是战略性新兴产业主板和中小板上市公司重要的资金来源；各类战略性新兴产业创业板上市公司的股权融资规模较大，很难直接通过银行等金融机构获得金融支持，更倾向于通过资本市场直接融资。各类战略性新兴产业上市公司往往面临共同的金融支持困境，如融资渠道有限且供给能力不足，融资成本偏高等等。

第4章

中国战略性新兴产业金融支持效率的测度方法及指标选取

金融支持效率的准确测度对于战略性新兴产业发展具有重要的意义，只有选择合适的效率评估模型才能实现准确的效率测度。本章将遵循客观、适用的要求，充分论证DEA方法测算我国战略性新兴产业金融支持效率的优越性，并构建战略性新兴产业上市公司金融支持效率评估模型，选取适宜的金融支持效率投入产出指标。

4.1 金融支持效率测度方法的选取要求

我国战略性新兴产业金融支持效率的测度方法应当按照客观性、适用性、科学性等原则与要求选取。

4.1.1 客观性

评价方法包括层次分析法、模糊评价法等，但该类评价方法需要事先确定各项指标的权重，主观性强，容易影响评价结果的公正性和客观性。为了保证我国战略性新兴产业金融支持效率的测度具有客观性，必须选择一种合适的测度方法，即无需事先假设具体的函数形式，通过数学规划产生权重，从而消除主观因素。

资源配置效率的评价方法一般包括参数法和非参数法两类。参数法以随机前沿生产函数分析法（Stochastic Frontier Analysis，SFA）为代表；非参数法以数据包络分析法（Data Envelopment Analysis，DEA）为代表。

金融资源的配置是一个多投入、多产出的复杂系统，相较于 SFA 等参数法，DEA 非参数方法不要求所有的决策单元（Decision Making Units，DMU）采用同一生产函数形式，且满足“多元最优化准则”，因此是衡量金融支持效率的有效分析方法。

4.1.2 适用性

结合战略性新兴产业发展在客观上具有多投入、多产出的特性。根据金融内生理论，我们可以将金融投入作为影响战略性新兴产业发展的内生因素，将金融对战略性新兴产业发展的作用机理假设为一个“金融投入”和“战略性新兴产业产出”的黑箱，通过实证分析投入产出的效率来衡量金融支持战略性新兴产业发展的作用和影响程度。

综合客观性和适用性两方面的考量，本书采用两阶段 DEA 分析方法，构建了战略性新兴产业上市公司金融支持效率评估模型。

4.2 DEA 分析方法的适用依据

为了检验我国金融支持战略性新兴产业的作用程度和影响效果，本书尝试采用 Simara 和 Wilson（2007）等人提倡的 DEA – Tobit 两阶段方法来评估金融支持战略性新兴产业的效率及其影响因素[①]。

因战略性新兴产业金融支持具有多投入、多产出指标的特点，且为了保证效率测度和分析的客观准确性，本书引入了数据包络分析（DEA）方法，并进一步构建面板分析模型，以深入分析战略性新兴产业金融支持效率的影响因素。

DEA 方法广泛应用于现代效率测度，其主要基于数学规划模型，计算、比较决策单元之间的相对效率，进而得出结论。

4.2.1 DEA 的基本思想

DEA 模型针对的是决策单元（即 DMU）将生产要素投入而产出相应产品或服务，从而实现效益最大化的过程。DMU 的经济意义可能代表企业、地区乃至国家。DMU 的相对有效性评价，是根据 DMU 的输入和输出数据来评估 DMU 的优劣程度。DMU 有效性主要包涵两个方面：（1）相对有效性，即基于决策单元的相互比较；（2）多要素输入——多输出的投入产出比，即 DMU 有效性是基于输入综合与输出综合的比值。

从计量学角度说，DEA 方法是综合分析输入和输出数据，从而得出

① H Patrick.Financial Development and Economic Growth in Underdeveloped Countries. Economic Development and Cultural Change，1996，14：174–189.

DMU 综合效率的数量型指标。并对 DMU 进行定级排队，据此确定有效的 DMU，并给出非有效 DMU 程度数值。DEA 方法不仅能够评价和排序同一类型各 DMU 的相对有效性，还提供了分析各 DMU 非有效原因及改进的可能性，因此，十分适用于为决策者提供了管理决策参考。

4.2.2 DEA 的数学原理

1. 投入导向型（Input-Orientated）的 DEA 测度

投入导向型的 DEA 测度主要理念在于：在产出量一定的前提下，投入量要尽可能的减少。假定 DMU 的规模报酬呈不变状态，存在两个投入指标设为（X1 与 X2）和单一的产出指标设为（Y），则投入导向型的 DEA 效率表现如图 4.1 所示。

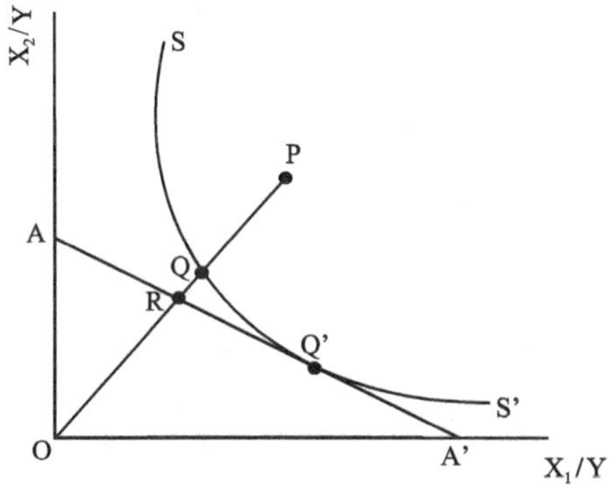

图 4.1　投入导向型 DEA 技术和配置效率

图 4.1 中，SS’曲线代表全效率 DMU 的单位等产量曲线，是技术效率；P 点表示固定投入量实现的单位产出；QP 表示技术无效率，即产出量固定前提下，投入量全部按比例相应减少的数量。DMU 的技术效率 TE 用 QP/OP 表示，代表所有投入相应减少的比率，其取值范围为 [0, 1]，代表 DMU 技术无效的指标，其计算公式为：

$$TE=OQ/OP \tag{4.1}$$

如果投入要素的价格比率用 AA’表示，则 AE 表示以 P 作为投入量的 DMU 配置效率，其计算公式为：

$$AE=OR / OQ \tag{4.2}$$

综合效率 EE 用 OR/OP 表示，同时也是技术效率和配置效率的乘积，其计算公式为：

$$\begin{aligned} EE&=OR / OP \\ &=(OQ / OP)\times(OR / OQ) \\ &=TE \times AE \end{aligned} \tag{4.3}$$

2. 产出导向型（Output-Orientated）的 DEA 测度

产出导向型测度基本思想是基于不改变既定投入而使产出最大化。如果 DMU 规模报酬不变，具备一个输入指标（X）和两个输出指标（Y1 和 Y2），则产出导向型的 DEA 效率表现如图 4.2 所示。

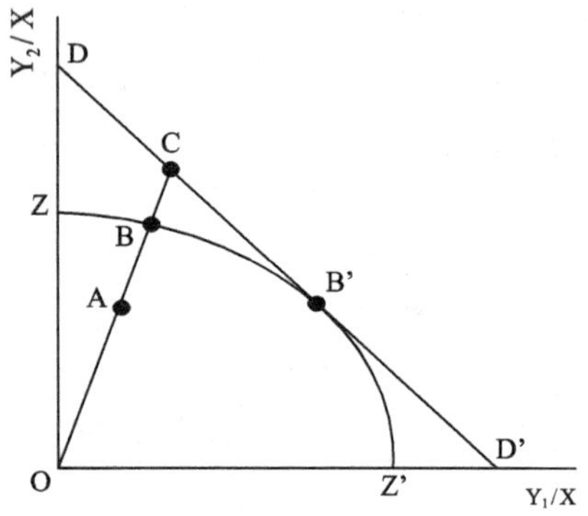

图 4.2　产出导向型 DEA 技术和配置效率

如图 4.2 所示，ZZ’表示 DMU 的单位等产量曲线，也是指生产的最高可能线。A 在等产量曲线的下方，指无效率单位。AB 距离表示了技术无效的程度，即基于投入固定的前提下，可增加的产出量。所以，产出导向型的技术效率 TE，用计算公式表示为：

$$TE=OA / OB \tag{4.4}$$

如果用等产量曲线 DD’表示价格，则配置效率 AE 的计算公式为：

$$AE=OB/OC \tag{4.5}$$

综合效率 EE 表示为技术效率和配置效率的乘积，其计算公式为：

$$
\begin{aligned}
EE &= OA/OC \\
&= (OA/OB) \times (OB/OC) \\
&= TE \times AE
\end{aligned} \tag{4.6}
$$

4.2.3　DEA 方法测算金融支持效率的优越性

基于金融资源投入的有限性或稀缺性，本书通过在既定金融资源投入检验战略性新兴产业的产出效果，从而测度金融支持对战略性新兴产业发展的作用和影响程度。由 DEA 方法的基本思想和数学原理可知，DEA 模型是根据多项投入指标和多项产出指标，利用线性规划的方法，对具有可比性的同类型单位进行相对有效性评价的一种数量分析方法，在处理多指标投入和多指标产出方面，具有得天独厚的优势。尤其是在测算金融支持效率方面，DEA 方法具有独特的优越性，极为有效地满足了金融支持效率测算的客观性和适用性要求。

首先，战略性新兴产业金融支持效率表现出多输入——多输出的系统性特征，而 DEA 特别适合用于具有多输入多输出的复杂系统。具体来说 DEA 以决策单元各输入输出的权重为变量，从最有利于决策单元的角度进行评价，从而避免了确定各指标在优先意义下的权重；假定每个输入都关联到一个或多个输出，而且输入输出之间确实存在某种关系，使用 DEA 方法则不必确定这种关系的显式表达式。因此，DEA 方法在测算金融支持效率过程中，排除了诸多主观因素，因为具有很强的客观性。

其次，金融投入作为影响战略性新兴产业发展的内生因素，其作用机理被假设为一个“金融投入”和“战略性新兴产业产出”的黑箱，并需要通过实证分析来检验，而 DEA 方法研究的是多输入多输出情况下的样本，从所选的决策单元中分析出样本中的最优个体，这样的研究得到的估计值比回归分析更近似于有效的状态。

此外，“金融投入”和“战略性新兴产业产出”的黑箱意味着二者可能存在非线性或非参数关系，而DEA作为一种新的非参数统计方法，较回归分析等方法有着明显的科学性；DEA方法是纯技术路线，与市场（价格）可以无关，可以排除金融领域价格因素的干扰。鉴于DEA方法在测算金融支持效率过程具备独特的客观性、适用性和科学性等一系列优势，本书拟采用产出导向型的DEA模型测度战略性新兴产业金融支持效率。

4.3　金融支持效率投入产出指标的选取

战略性新兴产业金融支持效率表现出多输入——多输出的系统性特征。如何选取合适的投入与产出指标来定义，是 DEA 测度的首要问题。在投入和产出指标选取中应结合战略性新兴产业的自身特点。战略性新兴产业上市公司与非战略性新兴产业上市公司相比，表现出高投入性、高收益性、高风险性、强创新性、知识密集性及一体化的特性，而这些特性在本书选取测度战略性新兴产业金融支持效率的指标时具有重要的引导作用。

4.3.1　金融支持效率投入产出指标

金融支持战略性新兴产业可以理解为战略性新兴产业上市公司付出资本成本的代价，筹集自身发展所需的资金，通过金融资源配置，实现投资收益、主营业务和无形资产的增长。基于此，本书选取了股权融资总额、股权融资成本、债权融资总额和债权融资成本等四个指标作为战略性新兴产业上市公司金融支持效率的投入指标；同时，选取净资产收益率、主营业务增长率和总资产周转率等三个指标作为产出指标。

4.3.1.1　投入指标

1. 股权融资总额的计量指标

由于数据的可获得性限制，本书选取上市公司首发、配股、增发所募集的资金净额反映股权融资总额，该指标反映战略性新兴产业股权融资的总体规模。战略性新兴产业的股权融资规模大小对该产业的投资经营活动有基础性影响。

2. 股权融资成本的计量指标

据统计，超过 73.5% 的公司基本均是运用资本资产定价模型（CAPM 模型）来计算股权融资成本，具有重要的实践意义。资本资产定价模型是透过复杂经济表象直指本质的金融理论，该理论认为股价高低与风险息息相关。股票价格的高低完全由其对市场风险贡献程度来决定。资本资产定价模型公式为：

$$R_i = R_f + \beta (R_m - R_f) \tag{4.7}$$

模型中，R_i 表示预期收益率；R_f 表示无风险收益率；R_m 表示平均收益率；β 表示股票波动性。

3. 衡量债权融资总额的指标

债权融资总额 = 银行贷款融资总额+商业信用融资总额+债券融资总额
= (短期贷款 + 长期贷款) + (应付票据 + 应付账款 + 预收账款) + 应付债券 (4.8)

该指标可从总体角度显示战略性新兴产业间接融资规模大小，是该产业企业进行资金经营的另一大基础。

4. 债权融资成本的计量指标

财务费用主要是指企业在生产经营过程中为筹集资金而产生的各类费用含利息支出、手续费支出、汇兑净支出以及担保费支出等。本书采用相对数——财务费用率指标从总体角度反映战略性新兴产业债权融资的成本。

$$财务费用率 = \frac{财务费用总额}{销售收入总额} \times 100\% \tag{4.9}$$

4.3.1.2 产出指标

1. 净资产收益率

净资产收益率可以理解为企业所获得的净收益与股东投资金额的对比，即单位净资产所获取的净利润。用计算公式可以表示为：

$$\text{净资产收益率}=\frac{\text{净利润}}{\text{净资产总额}}\times 100\% \tag{4.10}$$

净资产收益率用来代表战略性新兴产业上市公司对所有者投入资本的投资运营效率。净资产收益率指标可以反映战略性新兴产业上市公司获得金融支持后的经营成效和所有者的收益水平。净资产收益率的高低，代表战略性新兴产业上市公司获利能力强弱，反映战略性新兴产业资本配置效率重要指标。

2. 主营业务收入增长率

主营业务收入增长率是以上一年度主营业务收入为基准的变动率，是本年度主营业务收入与上一年度年主营业务收入的差额与上一年度主营业务收入的相对比率值来表示。其计算公式为：

$$\text{主营业务收入增长率}=\frac{(\text{本年主营业务收入}-\text{上年主营业务收入})}{\text{上年主营业务收入}}\times 100 \tag{4.11}$$

该指标用以反映战略性新兴产业上市公司在取得各种金融支持后的业务发展变化与成长能力，而这种业务发展与成长能力被广泛认为是新兴产业上市公司可持续发展的根基。主营业务是战略性新兴产业上市公司的利润之源，主营业务收入增长率指标可以体现战略性新兴产业上市公司获得金融支持后的经营绩效。战略性新兴产业上市公司主营业务收入增长率指标在很大程度上代表着其主营业务经营发展的优劣程度。

3. 总资产周转率

总资产周转率用销售收入与资产总额的比率来表示。其计算公式为：

$$\text{总资产周转率}=\frac{\text{销售收入总额}}{\text{资产平均总额}}\times 100\% \tag{4.12}$$

作为考察资产运营效率的一项主要指标，总资产周转率是体现战略性新兴产业上市公司全部资产在经营期间投入产出的周转速度，也是战略性新兴产业上市公司全部资产管理质量与利用效率的重要标志。

综上所述，战略性新兴产业金融支持效率的投入产出指标汇总如表 4.1 所示。

表 4.1 战略性新兴产业金融支持效率投入产出指标汇总表

投入产出指标	具体指标
投入指标	股权融资总额
	股权融资成本
	债权融资总额
	债权融资成本
产出指标	净资产收益率
	主营业务收入增长率
	总资产周转率

4.3.2 不同金融支持方式的投入产出指标

为了便于分析不同金融支持方式下的效率变化情况，本书对战略性新兴产业的股权融资效率和债权融资选择了对应的投入产出指标，如表 4.2 所示。

表 4.2 股权融资效率和债权融资效率的投入产出指标

<table>
<tr><th>效率</th><th>投入指标</th><th>产出指标</th></tr>
<tr><td rowspan="3">股权融资效率</td><td rowspan="2">股权融资总额</td><td>净资产收益率</td></tr>
<tr><td>主营业务收入增长率</td></tr>
<tr><td>股权融资成本</td><td>总资产周转率</td></tr>
<tr><td rowspan="3">债权融资效率</td><td rowspan="2">债权融资总额</td><td>净资产收益率</td></tr>
<tr><td>主营业务收入增长率</td></tr>
<tr><td>债权融资成本</td><td>总资产周转率</td></tr>
</table>

4.4　本章小结

本章重点探讨中国战略性新兴产业金融支持效率的测度方法及指标选取，论证 DEA 方法在测算金融支持效率中具备的客观性、适用性和科学性等优势。考虑到战略性新兴产业金融支持具有多投入、多产出指标的特点，本章从客观性和适用性角度入手，采用两阶段 DEA 分析方法，构建了战略性新兴产业上市公司金融支持效率评估模型。战略性新兴产业上市公司金融支持效率的投入指标主要包括股权融资总额、股权融资成本、债权融资总额和债权融资成本；产出指标则包括净资产收益率、主营业务收入增长率、总资产周转率。

第5章

中国战略性新兴产业金融支持效率实证：以上市公司为例

产业内的上市公司严格要求信息披露，且经过严格的审核才能成功上市，可见其在主营业务、技术优势、经营绩效和公司治理上属于相同产业门类中的佼佼者。因此，上市公司群体的发展趋势大体上能够反映产业的发展状况，上市公司的经营方向指明了产业演进方向。基于此，本章以战略性新兴产业上市公司的金融支持数据为例，实证研究战略性新兴产业的金融支持效率。

5.1 样本数据选取与预处理

根据《国务院关于加快培育和发展战略性新兴产业的决定》的要求，为推动“十二五”国家战略性新兴产业发展规划顺利实施，满足统计上分类测算战略性新兴产业，建立科学、规范、可行的战略性新兴产业统计调查体系，国家统计局编制了统计用战略性新兴产业分类，发布了《战略性新兴产业分类（2012）》（如表5.1）。分类表中第三列和第四列分别表示战略性新兴产业对应《国民经济行业分类》《统计用产品分类目录》的代码和名称。因为行业重复性，所对应的行业类别（行业名称）并不代表该行业全部内容均属于战略性新兴产业的内容；因为产品（服务）不重复，所对应的产品（服务）应该全部属于战略性新兴产业的内容。

表5.1　2015年战略性新兴产业统计分类

第一层产业分类		第二层产业分类	
代码	名　称	代码	名　称
1	节能环保产业	1.1	高效节能产业
		1.2	先进环保产业
		1.3	资源循环利用产业
2	新一代信息技术产业	2.1	下一代信息网络产业
		2.2	电子核心基础产业
		2.3	高端软件和新型信息技术服务

续表

第一层产业分类		第二层产业分类	
代码	名　　称	代码	名　　称
3	生物产业	3.1	生物制品制造产业
		3.2	生物工程设备制造产业
		3.3	生物技术应用产业
4	高端装备制造产业	4.1	航空装备产业
		4.2	卫星及应用产业
		4.3	轨道交通装备产业
		4.4	海洋工程装备产业
		4.5	智能制造装备产业
5	新能源产业	5.1	核电产业
		5.2	风能产业
		5.3	太阳能产业
		5.4	生物质能及其他新能源产业
		5.5	智能电网产业
		5.6	新能源产业工程及研究技术服务
6	新材料产业	6.1	新型功能材料产业
		6.2	先进结构材料产业
		6.3	高性能复合材料产业
		6.4	前沿新材料产业
7	新能源汽车	7.1	新能源汽车整车制造
		7.2	新能源汽车装置、配件制造
		7.3	新能源汽车相关设施及服务

资料来源：国家统计局

5.1.1 样本选取与数据来源

截至目前，我国仍然没有系统性和权威性的战略性新兴产业统计数据，这导致了论文数据收集的瓶颈所在。为了克服这一难题，论文数据采集只能另辟蹊径。产业是提供相同技术门类产品服务的企业集群。生物学角度来比喻的话，产业是细胞组织，而每一个企业则是细胞单元。产业发展意味着产业内部个体企业的不断发展扩大，也就是说，一旦产业集群内的企业蓬勃发展，代表该产业蓬勃发展，两者内在趋于一致。

本书选取深圳证券交易所的战略性新兴产业上市公司作为实证样本，以论证不同层次资本市场对战略性新兴产业发展的支持程度。战略性新兴产业上市公司的筛选是基于两个原则条件，即企业所处行业必须属于七大战略性新兴产业的细分领域，企业的第一主营业务属于战略性新兴产业且对应的主营业务收入占比为最大[①]。为了保证样本的有效性和考虑股权分置改革的影响，本书剔除 ST 股后，选取了 A 股战略性新兴产业 469 家上市公司（如表 5.2）。

表 5.2 样本来源及统计

战略性新兴产业七大细分领域	家数	所属板块		
		主板	中小板	创业板
节能环保产业	74	13	34	27
新一代信息技术产业	71	15	32	24
生物产业	58	25	24	9
高端装备制造产业	61	16	36	9
新能源产业	69	27	31	11

① 余坚，战略性新兴产业上市公司现状及特点分析.深圳综研字第0182号研究报告，2011-08-08.

续表

战略性新兴产业七大细分领域	家数	所属板块		
		主板	中小板	创业板
新材料产业	67	26	29	12
新能源汽车产业	69	12	41	16
合计	469	134	227	108

数据来源：作者整理

本书旨在分析战略性新兴产业金融支持的总体状况，在具体研究处理上拟采用战略性新兴产业领域内上市公司的金融支持状况来替代。主要考虑到以下两方面的因素：一方面，上市公司的样本数大可以保证时间序列数据趋向与战略性新兴产业发展趋势是相一致的。另一方面，实证分析主要是探寻各变量之间的关系，而非其准确的相关系数。因此，利用战略性新兴产业领域的上市公司群体的金融支持表现来近似反映战略性新兴产业金融支持效率是可以尝试的。

在选取独立的决策单元（DMU）时，代表性的学者魏权龄（2004）强调选取 DMU 时应符合同质性要求，也就是作为独立 DMU 必须在投入产出指标、外部环境尤其是目标任务等方面保持相似或相近[①]。在本书研究中，所选取的 469 个 DMU 完全符合同质性要求，战略性新兴产业上市公司均为独立的决策单元，均通过金融支持实现资本配置的目的。

本书指标数据来源于东方财富网。

5.1.2　样本的统计描述

1. 战略性新兴产业的所有样本描述性统计情况

战略性新兴产业金融支持效率投入产出指标的统计描述如表 5.3 所示。

根据表 5.3，投入指标描述性统计结果显示：

① 周晶．战略性新兴产业发展现状及地区分布．统计研究，2012，(9)：24–30.

表 5.3 战略性新兴产业整体样本投入产出指标变量描述性统计量

投入产出指标		平均值	最大值	最小值	标准差
投入指标	股权融资总额（亿元）	10.25	137.07	0.39	14.26
	股权融资成本（%）	1.04	4.32	0.00	0.69
	债权融资总额（亿元）	24.51	849.00	0.07	63.58
	债权融资成本（%）	1.23	35.02	–66.05	4.06
产出指标	净资产收益率（%）	7.36	324.42	–159.97	13.23
	主营业务收入增长率（%）	17.03	880.88	–97.77	41.48
	总资产周转率（%）	63.26	389.00	0.62	42.23

（1）我国战略性新兴产业两大融资方式总额大且波动大。从上市公司来看，其金融支持效率的投入指标中股权融资总额的均值为 10.25 亿元，标准差为 14.26；而债权融资总额均值为 24.51 亿元，其标准差高达 63.58，由此可见：一方面，我国战略性新兴产业上市公司的股权融资及债权融资总额较大，而且债权融资仍然是最主要的融资方式。另一方面，不同战略性新兴产业上市公司、不同时期内两大融资方式总额波动较大。

（2）债权融资成本高于股权融资成本。股权融资成本均值（1.04）小于债权融资成本均值（1.24），可见战略性新兴产业上市公司的债权融资成本比股权融资成本要高。

从产出指标统计结果分析可知：

净资产收益率均值与主营业务收入增长率均值分别为 7.36% 与 17.03%，而总资产周转率均值为 63.26%，这表示战略性新兴产业上市公司的整体运营能力、盈利能力和成长能力呈现逐年提升的迹象，但标准差统计结果表明了战略性新兴产业上市公司不同时期的表现差异较大，尤其是主营业务收入增长率和总资产周转率的标准差高达 40 以上。

2. 节能环保产业的样本描述性统计情况

（1）节能环保产业主板

表 5.4　节能环保产业主板 2008—2015 年投入产出指标变量描述性统计量

投入产出指标		平均值	最大值	最小值	标准差
投入指标	股权融资总额（亿元）	15.81	86.56	1.03	23.47
	股权融资成本（%）	0.47	0.97	0.00	0.28
	债权融资总额（亿元）	40.77	200.00	1.33	50.10
	债权融资成本（%）	3.20	10.74	–0.43	2.30
产出指标	净资产收益率（%）	10.12	29.10	–18.90	7.65
	主营业务收入增长率（%）	10.94	71.23	–26.24	20.43
	总资产周转率（%）	52.00	154.00	10.38	32.94

根据表 5.4，从投入指标描述性统计结果来看：

1）节能环保产业主板上市公司金融支持效率的投入指标中股权融资总额的均值为 15.81 亿元，远小于债权融资总额均值（40.77 亿元），可见债权融资仍是节能环保产业最主要的融资方式。

2）股权融资成本均值（0.47）小于债权融资成本均值（3.20），可见节能环保产业主板上市公司债权融资成本比股权融资成本高。

从产出指标统计结果来看：

净资产收益率的平均值是 10.12%，主营业务收入增长率的均值达 10.94%，总资产周转率均值为 52.00%，这表示节能环保产业主板上市公司的整体运营能力、盈利能力和成长能力呈现逐年提升的迹象，但标准差统计结果表明了节能环保产业主板上市公司不同时期的表现差异较大，尤其是主营业务收入增长率和总资产周转率的标准差较高。

（2）节能环保产业中小板

表 5.5　节能环保产业中小板 2008—2015 年投入产出指标变量描述性统计量

投入产出指标		平均值	最大值	最小值	标准差
投入指标	股权融资总额（亿元）	8.89	48.15	1.23	7.68
	股权融资成本（%）	1.26	2.23	0.03	0.65
	债权融资总额（亿元）	14.62	110.00	0.63	18.69
	债权融资成本（%）	0.87	12.39	–5.26	2.32
产出指标	净资产收益率（%）	6.96	38.05	–77.65	12.21
	主营业务收入增长率（%）	14.33	145.77	–65.98	29.12
	总资产周转率（%）	67.28	176.29	15.07	31.90

根据表 5.5，从投入指标描述性统计结果来看：

1）节能环保产业中小板上市公司金融支持效率的投入指标中股权融资总额的均值为 8.89 亿元，小于债权融资总额均值（14.62 亿元），可见债权融资仍是节能环保产业最主要的融资方式。

2）股权融资成本均值（1.26）大于债权融资成本均值（0.87），可见节能环保产业中小板上市公司股权融资成本比债权融资高。

从产出指标统计结果来看：

净资产收益率的平均值是 6.96%，主营业务收入增长率的均值达 14.33%，总资产周转率均值为 67.28%，这表示节能环保产业中小板上市公司的整体运营能力、盈利能力和成长能力呈现逐年提升的迹象，但标准差统计结果表明了节能环保产业中小板上市公司不同时期的表现差异较大，尤其是主营业务收入增长率和总资产周转率的标准差较高。

（3）节能环保产业创业板

根据表 5.6，从投入指标描述性统计结果来看：

1）节能环保产业创业板上市公司金融支持效率的投入指标中股权融资总额的均值为 8.66 亿元，高于债权融资总额均值（5.42 亿元）。

表 5.6　节能环保产业创业板 2010—2015 年投入产出指标变量描述性统计量

投入产出指标		平均值	最大值	最小值	标准差
投入指标	股权融资总额（亿元）	8.66	86.24	2.25	9.11
	股权融资成本（%）	0.49	1.00	0.01	0.31
	债权融资总额（亿元）	5.42	40.90	0.34	7.27
	债权融资成本（%）	–0.53	16.93	–8.19	3.78
产出指标	净资产收益率（%）	8.08	29.28	–10.18	5.36
	主营业务收入增长率（%）	28.21	170.33	–63.85	35.65
	总资产周转率（%）	44.70	83.95	9.79	16.61

2）股权融资成本均值（0.49）大于债权融资成本均值（-0.53），可见节能环保产业创业板上市公司由于经营规模有限，虽有创新能力但是银行机构因为风险较大而信贷规模小。

从产出指标统计结果来看：

净资产收益率的平均值是 8.08%，主营业务收入增长率的均值达 28.21%，总资产周转率均值为 44.70%，这表示节能环保产业创业板上市公司的整体运营能力、盈利能力和成长能力呈现良性发展，但标准差统计结果表明了节能环保产业创业板上市公司不同时期的表现差异较大，尤其是主营业务收入增长率和总资产周转率的标准差较高。

3. 新一代信息技术产业的样本描述性统计情况

（1）新一代信息技术产业主板

表 5.7　新一代信息技术产业主板 2008—2015 年投入产出指标变量描述性统计量

投入产出指标		平均值	最大值	最小值	标准差
投入指标	股权融资总额（亿元）	13.96	96.70	1.31	16.54
	股权融资成本（%）	0.46	0.98	0.01	0.28
	债权融资总额（亿元）	90.58	849.00	1.07	188.10
	债权融资成本（%）	0.96	12.82	–5.12	1.96

续表

投入产出指标		平均值	最大值	最小值	标准差
产出指标	净资产收益率（%）	6.50	26.11	−36.30	7.13
	主营业务收入增长率（%）	13.93	162.51	−75.89	28.45
	总资产周转率（%）	106.86	389.00	10.95	88.42

根据表 5.7，从投入指标描述性统计结果来看：

1）新一代信息技术产业主板上市公司金融支持效率的投入指标中股权融资总额的均值为 13.96 亿元，远小于债权融资总额均值（90.58 亿元），可见债权融资仍是新一代信息技术产业最主要的融资方式。

2）股权融资成本均值（0.46）小于债权融资成本均值（0.96），可见新一代信息技术产业主板上市公司债权融资成本略高于股权融资成本。

从产出指标统计结果来看：

净资产收益率的平均值是 6.50%，主营业务收入增长率的均值达 13.93%，总资产周转率均值为 106.86%，这表示新一代信息技术产业主板上市公司的整体运营能力、盈利能力和成长能力呈现逐年提升的迹象，但标准差统计结果表明了新一代信息技术产业主板上市公司不同时期的表现差异较大，尤其是主营业务收入增长率和总资产周转率的标准差较高。

（2）新一代信息技术产业中小板

表 5.8　新一代信息技术产业中小板 2008—2015 年投入产出指标变量描述性统计量

投入产出指标		平均值	最大值	最小值	标准差
投入指标	股权融资总额（亿元）	6.78	46.85	1.20	6.74
	股权融资成本（%）	1.21	2.32	0.03	0.61
	债权融资总额（亿元）	11.84	179.00	0.07	26.02
	债权融资成本（%）	0.17	9.05	−6.73	2.25

续表

投入产出指标		平均值	最大值	最小值	标准差
产出指标	净资产收益率（%）	8.12	26.82	–56.22	7.89
	主营业务收入增长率（%）	19.49	145.85	–48.47	30.76
	总资产周转率（%）	61.31	263.87	17.13	34.28

根据表 5.8，从投入指标描述性统计结果来看：

1）新一代信息技术产业中小板上市公司金融支持效率的投入指标中股权融资总额的均值为 6.78 亿元，远小于债权融资总额均值（11.84 亿元），可见债权融资仍是新一代信息技术产业最主要的融资方式。

2）股权融资成本均值（1.21）高于债权融资成本均值（0.17），可见新一代信息技术产业中小板上市公司股权融资成本略高于债权融资成本。

从产出指标统计结果来看：

净资产收益率的平均值是 8.12%，主营业务收入增长率的均值达 19.49%，总资产周转率均值为 61.31%，这表示战略性新兴产业上市公司的整体运营能力、盈利能力和成长能力呈现逐年提升的迹象，但标准差统计结果表明了战略性新兴产业上市公司不同时期的表现差异较大，尤其是主营业务收入增长率和总资产周转率的标准差较高。

（3）新一代信息技术产业创业板

表 5.9　新一代信息技术产业创业板 2010—2015 年投入产出指标变量描述性统计量

投入产出指标		平均值	最大值	最小值	标准差
投入指标	股权融资总额（亿元）	8.83	24.91	1.78	6.08
	股权融资成本（%）	0.45	1.00	0.00	0.31
	债权融资总额（亿元）	3.33	55.10	0.15	6.06
	债权融资成本（%）	–2.45	9.48	–16.41	4.65
产出指标	净资产收益率（%）	7.40	30.43	–17.72	6.81
	主营业务收入增长率（%）	27.83	188.79	–53.22	38.31
	总资产周转率（%）	43.29	100.78	13.81	21.61

根据表 5.9，从投入指标描述性统计结果来看：

1）新一代信息技术产业创业板上市公司金融支持效率的投入指标中股权融资总额的均值为 8.83 亿元，高于债权融资总额均值（3.33 亿元）。

2）股权融资成本均值（0.45）大于债权融资成本均值（-2.45），可见新一代信息技术产业创业板上市公司由于经营规模有限，虽有创新能力但是银行机构因为风险较大而信贷规模小。

从产出指标统计结果来看：

净资产收益率的平均值是 7.40%，主营业务收入增长率的均值达 27.83%，总资产周转率均值为 43.29%，这表示新一代信息技术产业创业板上市公司的整体运营能力、盈利能力和成长能力呈现良性发展，但标准差统计结果表明了新一代信息技术产业创业板上市公司不同时期的表现差异较大，尤其是主营业务收入增长率和总资产周转率的标准差较高。

4. 生物产业的样本描述性统计情况

（1）生物产业主板

表 5.10 生物产业主板 2008—2015 年投入产出指标变量描述性统计量

投入产出指标		平均值	最大值	最小值	标准差
投入指标	股权融资总额（亿元）	7.44	29.64	0.48	5.74
	股权融资成本（%）	1.35	2.49	0.04	0.69
	债权融资总额（亿元）	16.48	106.00	0.40	18.80
	债权融资成本（%）	1.66	9.48	–1.91	1.90
产出指标	净资产收益率（%）	8.48	40.06	–36.00	10.76
	主营业务收入增长率（%）	11.42	66.10	–37.83	18.41
	总资产周转率（%）	80.90	318.99	7.26	51.41

根据表5.10，从投入指标描述性统计结果来看：

1）生物产业主板上市公司金融支持效率的投入指标中股权融资总额的均值为7.44亿元，远小于债权融资总额均值（16.48亿元），可见债权融资仍是生物产业最主要的融资方式。

2）股权融资成本均值（1.35）小于债权融资成本均值（1.66），可见生物产业主板上市公司债权融资成本略高于股权融资成本高。

从产出指标统计结果来看：

净资产收益率的平均值是8.48%，主营业务收入增长率的均值达11.42%，总资产周转率均值为80.90%，这表示生物产业主板上市公司的整体运营能力、盈利能力和成长能力呈现逐年提升的迹象，但标准差统计结果表明了生物产业主板上市公司不同时期的表现差异较大。

（2）生物产业中小板

表5.11　生物产业中小板2008—2015年投入产出指标变量描述性统计量

投入产出指标		平均值	最大值	最小值	标准差
投入指标	股权融资总额（亿元）	7.79	75.12	1.06	10.78
	股权融资成本（%）	1.17	2.28	0.02	0.63
	债权融资总额（亿元）	6.77	79.00	0.12	9.82
	债权融资成本（%）	1.41	28.80	–14.96	4.60
产出指标	净资产收益率（%）	13.43	95.41	–67.69	15.10
	主营业务收入增长率（%）	25.67	507.65	–54.88	51.51
	总资产周转率（%）	66.27	355.04	12.90	57.29

根据表5.11，从投入指标描述性统计结果来看：

1）生物产业中小板上市公司金融支持效率的投入指标中股权融资总额的均值为7.79亿元，略高于债权融资总额均值（6.77亿元）。

2）股权融资成本均值（1.17）小于债权融资成本均值（1.41），可见生物产业中小板上市公司债权融资成本略高于股权融资成本。

从产出指标统计结果来看：

净资产收益率的平均值是13.43%，主营业务收入增长率的均值达25.67%，总资产周转率均值为66.27%，这表示生物产业中小板上市公司的整体运营能力、盈利能力和成长能力呈现逐年提升的迹象，但标准差统计结果表明了生物产业中小板上市公司不同时期的表现差异较大。

（3）生物产业创业板

表5.12 生物产业创业板2010—2015年投入产出指标变量描述性统计量

投入产出指标		平均值	最大值	最小值	标准差
投入指标	股权融资总额（亿元）	9.34	36.57	2.72	7.00
	股权融资成本（%）	0.44	1.00	0.02	0.29
	债权融资总额（亿元）	3.99	32.00	0.07	6.15
	债权融资成本（%）	–0.42	21.42	–8.50	4.25
产出指标	净资产收益率（%）	9.71	22.17	–33.62	8.31
	主营业务收入增长率（%）	25.58	118.81	–16.03	22.62
	总资产周转率（%）	43.99	108.83	11.02	18.79

根据表5.12，从投入指标描述性统计结果来看：

1）生物产业创业板上市公司金融支持效率的投入指标中股权融资总额的均值为9.34亿元，高于债权融资总额均值（3.99亿元）。

2）股权融资成本均值（0.44）大于债权融资成本均值（-0.42），可见生物产业创业板上市公司由于经营规模有限，虽有创新能力但是银行机构因为风险较大而信贷规模小。

从产出指标统计结果来看：

净资产收益率的平均值是9.71%，主营业务收入增长率的均值达25.58%，总资产周转率均值为43.99%，这表示生物产业创业板上市公司的整体运营能力、盈利能力和成长能力呈现良性发展，但标准差统计结果表明了生物产业创业板上市公司不同时期的表现差异较大，尤其是主营业务收入增长率和总资产周转率的标准差较高。

5. 高端装备制造产业的样本描述性统计情况

（1）高端装备制造产业主板

表 5.13　高端装备制造产业主板 2008—2015 年投入产出指标变量描述性统计量

投入产出指标		平均值	最大值	最小值	标准差
投入指标	股权融资总额（亿元）	25.57	110.46	0.39	36.54
	股权融资成本（%）	1.25	2.36	0.03	0.65
	债权融资总额（亿元）	71.01	504.00	1.10	119.65
	债权融资成本（%）	1.90	9.79	–0.85	2.20
产出指标	净资产收益率（%）	4.09	51.18	–54.58	11.74
	主营业务收入增长率（%）	13.82	729.23	–71.80	73.07
	总资产周转率（%）	76.89	249.73	14.39	35.34

根据表 5.13，从投入指标描述性统计结果来看：

1）高端装备制造产业主板上市公司金融支持效率的投入指标中股权融资总额的均值为 25.57 亿元，远小于债权融资总额均值（71.01 亿元），可见债权融资仍是高端装备制造产业最主要的融资方式。

2）股权融资成本均值（1.25）小于债权融资成本均值（1.90），可见高端装备制造产业主板上市公司债权融资成本略高于股权融资成本。

从产出指标统计结果来看：

净资产收益率的平均值是 4.09%，主营业务收入增长率的均值达 13.82%，总资产周转率均值为 76.89%，这表示高端装备制造产业主板上市公司的整体运营能力、盈利能力和成长能力较好，但标准差统计结果表明了高端装备制造产业主板上市公司不同时期的表现差异较大。

（2）高端装备制造产业中小板

表 5.14　高端装备制造产业中小板 2008—2015 年投入产出指标变量描述性统计量

投入产出指标		平均值	最大值	最小值	标准差
投入指标	股权融资总额（亿元）	8.82	39.96	1.48	7.65
	股权融资成本（%）	1.29	2.38	0.01	0.67
	债权融资总额（亿元）	14.73	114.00	0.63	20.68
	债权融资成本（%）	1.26	21.78	–10.72	3.55
产出指标	净资产收益率（%）	5.78	28.37	–159.97	16.62
	主营业务收入增长率（%）	14.28	138.95	–60.13	27.11
	总资产周转率（%）	57.18	255.83	10.19	38.30

根据表 5.14，从投入指标描述性统计结果来看：

1）高端装备制造产业中小板上市公司金融支持效率的投入指标中股权融资总额的均值为 8.82 亿元，低于债权融资总额均值（14.73 亿元）。

2）股权融资成本均值（1.29）与债权融资成本均值（1.26）基本持平。

从产出指标统计结果来看：

净资产收益率的平均值是 5.78%，主营业务收入增长率的均值达 14.28%，总资产周转率均值为 57.18%，这表示高端装备制造产业中小板上市公司的整体运营能力、盈利能力和成长能力呈现逐年提升的迹象，但标准差统计结果表明了高端装备制造产业中小板上市公司不同时期的表现差异较大。

（3）高端装备制造产业创业板

表 5.15　高端装备制造产业创业板 2010—2015 年投入产出指标变量描述性统计量

投入产出指标		平均值	最大值	最小值	标准差
投入指标	股权融资总额（亿元）	5.88	20.36	3.62	2.88
	股权融资成本（%）	0.50	0.98	0.07	0.29

续表

投入产出指标		平均值	最大值	最小值	标准差
投入指标	债权融资总额（亿元）	3.88	22.00	0.37	4.63
	债权融资成本（%）	–0.88	0.98	–3.53	1.17
产出指标	净资产收益率（%）	8.87	18.47	–2.28	4.77
	主营业务收入增长率（%）	26.91	103.82	–16.56	24.57
	总资产周转率（%）	51.39	79.96	26.40	13.28

根据表 5.15，从投入指标描述性统计结果来看：

1）高端装备制造产业创业板上市公司金融支持效率的投入指标中股权融资总额的均值为 5.88 亿元，高于债权融资总额均值（3.88 亿元）。

2）股权融资成本均值（0.50）大于债权融资成本均值（-0.88），可见高端装备制造产业创业板上市公司由于经营规模有限，虽有创新能力但是银行机构因为风险较大而信贷规模小。

从产出指标统计结果来看：

净资产收益率的平均值是 8.87%，主营业务收入增长率的均值达 26.91%，总资产周转率均值为 51.39%，这表示高端装备制造产业创业板上市公司的整体运营能力、盈利能力和成长能力呈现良性发展，但标准差统计结果表明了高端装备制造产业创业板上市公司不同时期的表现差异较大，尤其是主营业务收入增长率和总资产周转率的标准差较高。

6. 新能源产业的样本描述性统计情况

（1）新能源产业主板

表 5.16　新能源产业主板 2008—2015 年投入产出指标变量描述性统计量

投入产出指标		平均值	最大值	最小值	标准差
投入指标	股权融资总额（亿元）	17.18	137.07	1.94	24.75
	股权融资成本（%）	0.91	2.40	0.03	0.72
	债权融资总额（亿元）	84.59	460.00	2.19	107.96
	债权融资成本（%）	3.08	35.02	–59.02	8.17

续表

投入产出指标		平均值	最大值	最小值	标准差
产出指标	净资产收益率（%）	8.95	324.42	–83.10	31.75
	主营业务收入增长率（%）	16.82	880.88	–55.15	85.54
	总资产周转率（%）	62.85	192.28	5.32	40.24

根据表 5.16，从投入指标描述性统计结果来看：

1）新能源产业主板上市公司金融支持效率的投入指标中股权融资总额的均值为 17.18 亿元，远小于债权融资总额均值（84.59 亿元），可见债权融资仍是新能源产业最主要的融资方式。

2）股权融资成本均值（0.91）小于债权融资成本均值（3.08），可见新能源产业主板上市公司债权融资成本略高于股权融资成本。

从产出指标统计结果来看：

净资产收益率的平均值是 8.95%，主营业务收入增长率的均值达 16.82%，总资产周转率均值为 62.85%，这表示新能源产业主板上市公司的整体运营能力、盈利能力和成长能力较好，但标准差统计结果表明了新能源产业主板上市公司不同时期的表现差异较大。

（2）新能源产业中小板

表 5.17　新能源产业中小板 2008—2015 年投入产出指标变量描述性统计量

投入产出指标		平均值	最大值	最小值	标准差
投入指标	股权融资总额（亿元）	9.23	59.96	1.47	9.53
	股权融资成本（%）	1.26	2.50	0.02	0.62
	债权融资总额（亿元）	21.81	170.00	0.31	31.44
	债权融资成本（%）	2.03	15.83	–7.64	3.42
产出指标	净资产收益率（%）	5.58	46.59	–21.39	8.14
	主营业务收入增长率（%）	14.93	451.90	–78.06	48.62
	总资产周转率（%）	55.63	134.78	15.73	22.63

根据表 5.17，从投入指标描述性统计结果来看：

1）新能源产业中小板上市公司金融支持效率的投入指标中股权融资总额的均值为 9.23 亿元，低于债权融资总额均值（21.81 亿元）。

2）股权融资成本均值（1.26）略低于债权融资成本均值（2.03）。

从产出指标统计结果来看：

净资产收益率的平均值是 5.58%，主营业务收入增长率的均值达 14.93%，总资产周转率均值为 55.63%，这表示新能源产业中小板上市公司的整体运营能力、盈利能力和成长能力呈现逐年提升的迹象，但标准差统计结果表明了新能源产业中小板上市公司不同时期的表现差异较大。

（3）新能源产业创业板

表 5.18　新能源产业创业板 2010—2015 年投入产出指标变量描述性统计量

投入产出指标		平均值	最大值	最小值	标准差
投入指标	股权融资总额（亿元）	10.96	25.53	3.39	6.33
	股权融资成本（%）	0.48	4.32	0.00	0.60
	债权融资总额（亿元）	9.47	32.40	0.63	9.34
	债权融资成本（%）	1.71	9.22	–4.74	3.36
产出指标	净资产收益率（%）	0.78	16.35	–74.71	14.99
	主营业务收入增长率（%）	20.22	170.38	–79.09	42.58
	总资产周转率（%）	43.96	78.36	11.26	16.75

根据表 5.18，从投入指标描述性统计结果来看：

1）新能源产业创业板上市公司金融支持效率的投入指标中股权融资总额的均值为 10.96 亿元，高于债权融资总额均值（9.47 亿元）。

2）股权融资成本均值（0.48）大于债权融资成本均值（1.71），可见新能源产业创业板上市公司由于经营规模有限，虽有创新能力但是银行机构因为风险较大而信贷规模小。

从产出指标统计结果来看：

净资产收益率的平均值是0.78%，主营业务收入增长率的均值达20.22%，总资产周转率均值为43.96%，这表示新能源产业创业板上市公司的整体运营能力和成长能力呈现良性发展态势，但盈利能力仍然无法直接体现，这也是金融机构谨慎投资于新能源产业的原因之一。标准差统计结果表明了新能源产业创业板上市公司不同时期的表现差异较大，尤其是主营业务收入增长率和总资产周转率的标准差较高。

7. 新材料产业的样本描述性统计情况

（1）新材料产业主板

表 5.19　新材料产业主板 2008—2015 年投入产出指标变量描述性统计量

投入产出指标		平均值	最大值	最小值	标准差
投入指标	股权融资总额（亿元）	10.27	53.58	0.97	8.19
	股权融资成本（%）	1.31	2.43	0.01	0.62
	债权融资总额（亿元）	26.32	128.00	1.00	23.24
	债权融资成本（%）	3.34	33.03	–3.69	4.43
产出指标	净资产收益率（%）	4.37	42.69	–94.80	17.24
	主营业务收入增长率（%）	10.34	207.85	–59.30	30.85
	总资产周转率（%）	63.45	172.54	11.23	28.78

根据表 5.19，从投入指标描述性统计结果来看：

1）新材料产业主板上市公司金融支持效率的投入指标中股权融资总额的均值为 10.27 亿元，远小于债权融资总额均值（26.32 亿元），可见债权融资仍是新能源产业最主要的融资方式。

2）股权融资成本均值（1.31）小于债权融资成本均值（3.34），可见新材料产业主板上市公司债权融资成本略高于股权融资成本。

从产出指标统计结果来看：

净资产收益率的平均值是 4.37%，主营业务收入增长率的均值达 10.34%，总资产周转率均值为 63.45%，这表示新材料产业主板上市公司的整体运营能力、盈利能力和成长能力较好，但标准差统计结果表明了新材料产业主板上市公司不同时期的表现差异较大。

（2）新材料产业中小板

表 5.20　新材料产业中小板 2008—2015 年投入产出指标变量描述性统计量

投入产出指标		平均值	最大值	最小值	标准差
投入指标	股权融资总额（亿元）	8.04	57.16	0.98	7.81
	股权融资成本（%）	1.30	2.50	0.02	0.68
	债权融资总额（亿元）	9.51	74.60	0.93	12.25
	债权融资成本（%）	1.67	14.80	−3.99	2.56
产出指标	净资产收益率（%）	6.52	34.69	−23.26	8.58
	主营业务收入增长率（%）	16.29	136.34	−40.09	28.41
	总资产周转率（%）	70.93	269.15	18.32	48.53

根据表 5.20，从投入指标描述性统计结果来看：

1）新材料产业中小板上市公司金融支持效率的投入指标中股权融资总额的均值为 8.04 亿元，低于债权融资总额均值（9.51 亿元）。

2）股权融资成本均值（1.30）略低于债权融资成本均值（1.67）。

从产出指标统计结果来看：

净资产收益率的平均值是 6.52%，主营业务收入增长率的均值达 16.29%，总资产周转率均值为 70.93%，这表示新材料产业中小板上市公司的整体运营能力、盈利能力和成长能力呈现逐年提升的迹象，但标准差统计结果表明了新材料产业中小板上市公司不同时期的表现差异较大。

（3）新材料产业创业板

表 5.21　新材料产业创业板 2010—2015 年投入产出指标变量描述性统计量

投入产出指标		平均值	最大值	最小值	标准差
投入指标	股权融资总额（亿元）	8.69	21.66	2.61	5.80
	股权融资成本（%）	0.47	0.97	0.04	0.27
	债权融资总额（亿元）	4.12	20.90	0.48	4.30
	债权融资成本（%）	0.10	8.60	–4.64	2.66
产出指标	净资产收益率（%）	5.37	15.03	–7.74	4.31
	主营业务收入增长率（%）	16.43	132.58	–32.60	28.56
	总资产周转率（%）	53.06	98.89	21.72	20.73

根据表 5.21，从投入指标描述性统计结果来看：

1）新材料产业创业板上市公司金融支持效率的投入指标中股权融资总额的均值为 8.69 亿元，高于债权融资总额均值（4.12 亿元）。

2）股权融资成本均值（0.47）大于债权融资成本均值（0.10），可见新材料产业创业板上市公司由于经营规模有限，虽有创新能力但是银行机构因为风险较大而信贷规模小。

从产出指标统计结果来看：

净资产收益率的平均值是 5.37%，主营业务收入增长率的均值达 16.43%，总资产周转率均值为 53.06%，这表示新材料产业创业板上市公司的整体运营能力和成长能力呈现良性发展态势，但盈利能力仍无法直接体现，也是金融机构谨慎投资新材料产业原因之一。标准差统计结果表明了新材料产业创业板上市公司不同时期的表现差异较大，尤其是主营业务收入增长率和总资产周转率的标准差较高。

8. 新能源汽车产业的样本描述性统计情况

（1）新能源汽车产业主板

表 5.22　新能源汽车产业主板 2008—2015 年投入产出指标变量描述性统计量

投入产出指标		平均值	最大值	最小值	标准差
投入指标	股权融资总额（亿元）	8.52	32.22	0.64	9.25
	股权融资成本（%）	1.09	2.19	0.06	0.69
	债权融资总额（亿元）	28.67	185.00	2.30	30.20
	债权融资成本（%）	3.29	15.04	0.01	3.62
产出指标	净资产收益率（%）	5.96	45.62	−88.66	17.02
	主营业务收入增长率（%）	6.94	112.07	−49.23	24.56
	总资产周转率（%）	72.32	208.81	14.85	46.59

根据表 5.22，从投入指标描述性统计结果来看：

1）新能源汽车产业主板上市公司金融支持效率的投入指标中股权融资总额的均值为 8.52 亿元，远小于债权融资总额均值（28.67 亿元），可见债权融资仍是新能源产业最主要的融资方式。

2）股权融资成本均值（1.09）小于债权融资成本均值（3.29），可见新能源汽车产业主板上市公司债权融资成本略高于股权融资成本。

从产出指标统计结果来看：

净资产收益率的平均值是 5.96%，主营业务收入增长率的均值达 6.94%，总资产周转率均值为 72.32%，这表示新能源汽车产业主板上市公司的整体运营能力、盈利能力和成长能力较好，但标准差统计结果表明了新能源汽车产业主板上市公司不同时期的表现差异较大。

（2）新能源汽车产业中小板

表 5.23　新能源汽车产业中小板 2008—2015 年投入产出指标变量描述性统计量

投入产出指标		平均值	最大值	最小值	标准差
投入指标	股权融资总额（亿元）	6.86	25.34	0.93	5.45
	股权融资成本（%）	1.28	2.75	0.07	0.72
	债权融资总额（亿元）	19.64	651.00	0.37	73.23
	债权融资成本（%）	0.55	8.86	–15.15	2.99
产出指标	净资产收益率（%）	7.97	60.25	–8.83	7.11
	主营业务收入增长率（%）	14.63	170.67	–41.41	28.65
	总资产周转率（%）	58.18	146.77	10.63	26.97

根据表 5.23，从投入指标描述性统计结果来看：

1）新能源汽车产业中小板上市公司金融支持效率的投入指标中股权融资总额的均值为 6.86 亿元，低于债权融资总额均值（19.64 亿元）。

2）股权融资成本均值（1.28）略低于债权融资成本均值（0.55）。

从产出指标统计结果来看：

净资产收益率的平均值是 7.97%，主营业务收入增长率的均值达 14.63%，总资产周转率均值为 58.18%，这表示新能源汽车产业中小板上市公司的整体运营能力、盈利能力和成长能力呈现逐年提升的迹象，但标准差统计结果表明了新能源汽车产业中小板上市公司不同时期的表现差异较大。

（3）新能源汽车产业创业板

表 5.24　新能源汽车产业创业板 2010—2015 年投入产出指标变量描述性统计量

投入产出指标		平均值	最大值	最小值	标准差
投入指标	股权融资总额（亿元）	6.72	18.58	3.34	3.82
	股权融资成本（%）	0.49	0.98	0.01	0.28
	债权融资总额（亿元）	3.02	32.50	0.36	4.22
	债权融资成本（%）	-1.60	15.76	-8.78	3.20
产出指标	净资产收益率（%）	7.94	40.56	-4.58	7.13
	主营业务收入增长率（%）	26.69	300.38	-50.98	51.95
	总资产周转率（%）	45.04	122.99	13.30	20.49

根据表 5.24，从投入指标描述性统计结果来看：

1）新能源汽车产业创业板上市公司金融支持效率的投入指标中股权融资总额的均值为 6.72 亿元，高于债权融资总额均值（3.02 亿元）。

2）股权融资成本均值（0.49）大于债权融资成本均值（-1.60），可见新能源汽车产业创业板上市公司由于经营规模有限，虽有创新能力但是银行机构因为风险较大而信贷规模小。

从产出指标统计结果来看：

净资产收益率的平均值是 7.94%，主营业务收入增长率的均值达 26.69%，总资产周转率均值为 45.04%，这表示新能源汽车产业创业板上市公司的整体运营能力、盈利能力和成长能力呈现良性发展态势。标准差统计结果表明了新能源汽车产业创业板上市公司不同时期的表现差异较大，尤其是主营业务收入增长率和总资产周转率的标准差较高。

5.1.3 数据的预处理

在DEA模型效率测度中，DMU最优效率测度与金融支持效率投入产出指标的量纲无关，只要求该指标数据为非负。战略性新兴产业金融支持效率的投入产出指标原始数据可能为负，例如主营业务收入增长率和净资产收益率指标：当上市公司经营若是亏损的，则该年度该公司的净资产收益率与主营业务增长率均会为负。因此，本论文依照常用的“归一化”预处理办法，即将原始数据遵循以下函数关系归一到某一正数区间，方法如下：

$$y_{ij}=0.1+0.9\times\frac{x_{ij}-m_j}{M_j-m_j} \tag{5.1}$$

其中：$m_j=\min_i(xij);\ M_j=\max_i(x_{ij})$

$i=1,2,3\cdots\cdots n;\ y_{ij}=[0,1]$

5.2　战略性新兴产业金融支持效率总体测度与分析

5.2.1　时间特性下金融支持效率变化

利用战略性新兴产业上市公司投入产出变量的数据，计算出 469 家战略性新兴产业上市公司 2008-2015 年的金融支持效率，如图 5.1 所示。

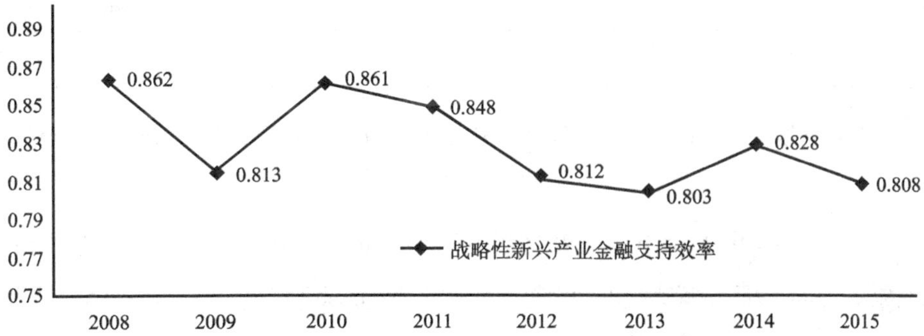

图 5.1　2008—2015 年战略性新兴产业金融支持效率变化趋势图

通过图 5.1 的逐年变化趋势可知：2008-2015 年战略性新兴产业的金融支持效率值在 0.8 ～ 0.9 范围内波动，战略性新兴产业金融支持效率呈现“窄幅震荡”的趋势。具体表现为，2008-2009 年金融支持效率下降，而 2009-2010 年金融支持效率年上升，2011-2013 年金融支持效率呈现不断下降趋势。主要原因在于 2008 年末开始爆发的金融危机对战略性新兴产业的运营管理、盈利水平造成极大的恶性影响。2010 年随着国家宏观调控和对战略性新兴产业的支持力度提高，金融支持效率值逐步提升，并达到最高值（0.861），但随着战略性新兴产业概念热度的降温，技术创新及资金瓶颈等因素的限制，使得金融支持效率再次走低。

5.2.2 空间特性下金融支持效率变化

将战略性新兴产业上市公司按其主营业务所在地区分类，可以更好地比较分析我国各区域战略性新兴产业的金融支持效率。

5.2.2.1 战略性新兴产业上市公司不同地区分布

通过计算整理得到2008-2015年战略性新兴产业在东、中、西部[①]的分布如表 5.25 所示。

表 5.25 战略性新兴产业上市公司不同地区分布

战略性新兴产业	东部地区	中部地区	西部地区
上市公司数	335	78	56
占比	71%	17%	12%

数据来源：作者根据战略性新兴产业上市公司按其主营业务所在地区分类整理而得。

从表 5.25 可以看出：战略性新兴产业上市公司的分布呈现东强西弱的现象，东部地区战略性新兴产业上市公司数量以 335 家（占比 71%）居首位，西部地区上市公司数量最少，仅 56 家（占比 12%）。东部地区优越的上市融资环境吸纳了更多的战略性新兴产业企业的入驻，由此可见，上市融资环境是影响企业落户的重要条件之一[②~③]。

① 根据社会经济发展水平和地理区位的不同将中国经济区域划分为东、中、西三大经济地带。东部地区包括北京等 11 个省域；中部地区包括山西等 8 个省域，西部地区包括四川等 12 个省域。

② 李燕，李应博.战略性新兴产业的空间分布特征及集聚动力机制研究.统计与决策，2015，(20)：130-132.

③ 张露，古小刚.战略性新兴产业前端培育与风险资本市场政策设计.南方金融,2014，(3)：10-14.

5. 2. 2. 2　不同地区金融支持效率对比

对战略性新兴产业上市公司的金融支持效率进行区域划分，可以得出其 2008-2015 年的金融支持效率变化趋势图（如图 5.2）。

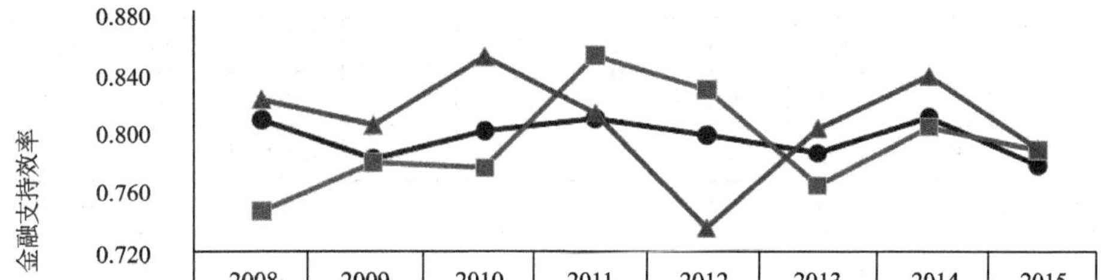

	2008	2009	2010	2011	2012	2013	2014	2015
东部地区	0.823	0.795	0.815	0.824	0.812	0.799	0.825	0.790
中部地区	0.756	0.792	0.788	0.870	0.845	0.775	0.818	0.801
西部地区	0.838	0.819	0.869	0.828	0.744	0.817	0.855	0.802

图 5.2　2008—2015 年战略性新兴产业区域金融支持效率变化趋势图

通过图 5.2 可知：东部地区 2008-2015 年金融支持效率整体较为均衡，在 0.79-0.83 之间小幅波动。而中西部效率波动振幅较大。从均值来看，2008-2015 年金融支持效率均值西部地区最高（0.822）；其次为东部地区（0.810）；最低为中部地区（0.806）。究其原因是西部地区战略性新兴产业上市公司少而精，优势资源相对集中。

5. 2. 2. 3　不同地区股权融资效率对比

通过图 5.3 可知：东、中、西部地区 2008-2015 年股权融资效率变化趋势整体一致。从均值来看，2008-2015 年股权融资效率均值西部地区最高（0.681）；其次为中部地区（0.644）；东部地区最低（0.643）。股权融资效率整体较低，仍有较大提升空间。

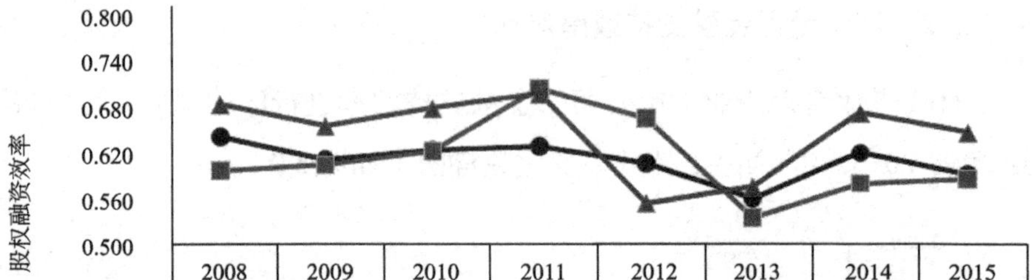

	2008	2009	2010	2011	2012	2013	2014	2015
东部地区	0.676	0.643	0.657	0.662	0.639	0.589	0.653	0.623
中部地区	0.628	0.636	0.656	0.745	0.702	0.561	0.610	0.616
西部地区	0.722	0.691	0.716	0.737	0.582	0.605	0.709	0.682

图 5.3　2008—2015 年战略性新兴产业区域股权融资效率变化趋势图

5.2.2.4　不同地区债权融资效率对比

通过图 5.4 可知：2008-2015 年债权融资效率均值中部地区最高（0.709）；其次为西部地区（0.682）；东部地区最低（0.675）。

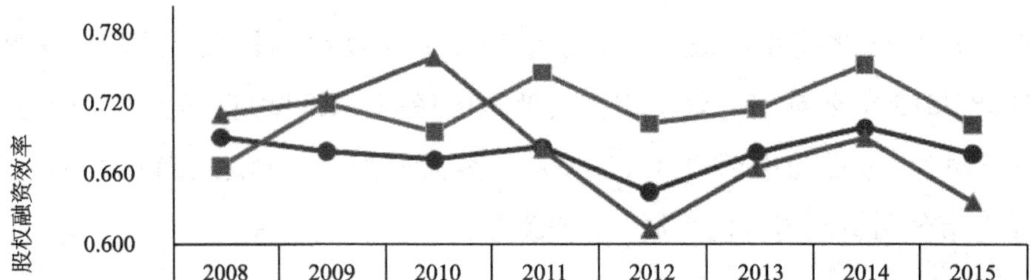

	2008	2009	2010	2011	2012	2013	2014	2015
东部地区	0.688	0.676	0.669	0.680	0.642	0.675	0.696	0.674
中部地区	0.663	0.716	0.692	0.742	0.699	0.711	0.749	0.698
西部地区	0.707	0.719	0.755	0.678	0.610	0.662	0.687	0.634

图 5.4　2008—2015 年战略性新兴产业区域债权融资效率变化趋势图

5.3　两种方式的金融支持效率测度与比较分析

根据前文分析，金融支持的主要方式包括股权融资方式和债权融资方式。为有效分析战略性新兴产业上市公司不同金融支持方式的贡献程度，我们分别对股权融资效率和债权融资效率进行了测度和比较分析。

5.3.1　股权融资效率和债权融资效率测度结果

依前所述，本书将采用股权融资总额与股权融资成本作为测度股权融资效率的投入指标，以债权融资总额和债权融资成本作为债权融资效率测度的投入指标，计算出 469 家战略性新兴产业上市公司 2008-2015 年的股权融资效率和债权融资效率（如表 5.26）。

表 5.26　2008—2015 年战略性新兴产业股权融资效率和债权融资效率

战略性新兴产业		2008	2009	2010	2011	2012	2013	2014	2015	均值
股权融资效率	节能	0.85	0.77	0.67	0.64	0.72	0.62	0.72	0.68	0.85
	信息	0.74	0.59	0.68	0.69	0.67	0.50	0.66	0.64	0.74
	生物	0.63	0.58	0.70	0.70	0.62	0.61	0.67	0.69	0.63
	制造	0.80	0.78	0.78	0.82	0.49	0.67	0.73	0.69	0.80
	能源	0.64	0.62	0.80	0.74	0.67	0.72	0.66	0.68	0.64
	材料	0.76	0.57	0.78	0.81	0.69	0.58	0.61	0.63	0.76
	汽车	0.72	0.79	0.63	0.61	0.60	0.46	0.54	0.46	0.72
	均值	0.74	0.67	0.72	0.71	0.64	0.59	0.65	0.64	0.74

续表

战略性新兴产业		2008	2009	2010	2011	2012	2013	2014	2015	均值
债权融资效率	节能	0.83	0.73	0.65	0.66	0.68	0.72	0.68	0.70	0.71
	信息	0.85	0.81	0.81	0.78	0.69	0.72	0.81	0.75	0.78
	生物	0.58	0.61	0.64	0.69	0.71	0.74	0.70	0.70	0.67
	制造	0.86	0.70	0.77	0.75	0.69	0.72	0.73	0.73	0.74
	能源	0.62	0.68	0.83	0.68	0.58	0.00	0.00	0.60	0.50
	材料	0.71	0.64	0.75	0.67	0.59	0.00	0.00	0.65	0.50
	汽车	0.79	0.72	0.73	0.68	0.62	0.63	0.70	0.66	0.69
	均值	0.75	0.70	0.74	0.70	0.65	0.50	0.52	0.68	0.66

数据来源：作者根据效率测度结果整理而得

从表 5.26 可以看出：2008-2015 年，节能环保，高端装备制造、新一代信息技术产业的股权融资效率和债权融资效率均较其他产业高。

（1）股票市场支持战略性新兴产业的培育和发展发挥了积极作用，尤其是促进了节能环保，高端装备制造、新材料、新一代信息技术产业的快速发展。

（2）间接融资支持在战略性新兴产业培育和发展的中发挥着支撑作用，一些迅速发展的如新一代信息技术、高端装备制造、节能环保和新能源汽车产业的技术创新和经营壮大都离不开银行的金融支持。这也间接表明了银行信贷的金融服务应支持更多的战略性新兴产业领域，以促进战略性新兴产业的整体蓬勃发展。

5.3.2　战略性新兴产业两种融资效率对比分析

从图 5.5 可以看出：一方面，战略性新兴产业上市公司 2008-2015 年股权融资效率和债权融资效率的变化趋势基本一致。另一方面，股权融资效率值和债权融资效率值均处于 0.5-0.75 的范围内，整体效率值并不高。由此可见，股权融资效率、债权融资效率和金融支持效率的变化态势是趋于一致的，2008-2009 年金融危机的爆发导致了效率的下降，后期 4 万亿投资计划的宽松财政政策刺激了股权融资和债权融资的效率提升，但 2010 后随着 4 万亿投资计划的停止，产能过剩和结构性矛盾导致了战略性新兴产业股权融资效率和债权融资显著下降。

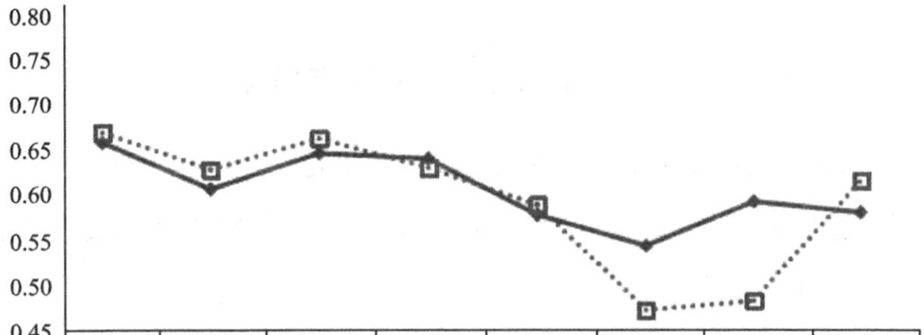

	2008	2009	2010	2011	2012	2013	2014	2015
股权融资效率	0.74	0.67	0.72	0.71	0.64	0.59	0.65	0.64
债权融资效率	0.75	0.70	0.74	0.70	0.65	0.50	0.52	0.68

图 5.5　2008—2015 年战略性新兴产业两种融资效率变化趋势图

5.4 三个板块的金融支持效率测度与分析

根据前文分析，战略性新兴产业上市公司获取金融支持的重要途径是股权融资，目前国内企业上市融资的主要场所是资本市场三个板块，即主板、中小板和创业板。为有效分析战略性新兴产业来源于三大板块的融资效率差异，本书就我国战略性新兴产业上市公司在深市主板、中小板和创业板的金融支持效率进行了测度和比较分析。

5.4.1 三个板块的金融支持效率测度结果

通过对深市A股战略性新兴产业2008-2015年共469家上市公司按其所属细分领域及其上市板块进行分类汇总，得到三个板块七大领域的金融支持效率（如表5.27）。

表5.27 2008—2015年战略性新兴产业三个板块金融支持效率

板块	金融支持效率	2008	2009	2010	2011	2012	2013	2014	2015	均值
主板	节能环保	0.84	0.94	0.89	0.84	0.92	0.88	0.92	0.86	0.89
	新一代信息技术	0.93	0.83	0.89	0.89	0.87	0.72	0.96	0.87	0.87
	生物	0.74	0.69	0.74	0.74	0.69	0.70	0.85	0.78	0.74
	高端装备制造	0.87	0.82	0.90	0.90	0.79	0.92	0.95	0.83	0.87
	新能源	0.69	0.78	0.70	0.84	0.73	0.69	0.77	0.81	0.75
	新材料	0.75	0.69	0.80	0.78	0.77	0.77	0.84	0.80	0.77
	新汽车汽车	0.71	0.87	0.74	0.85	0.52	0.50	0.61	0.66	0.68
	战略性新兴产业	0.79	0.80	0.81	0.83	0.76	0.74	0.84	0.80	0.80

续表

板块	金融支持效率	2008	2009	2010	2011	2012	2013	2014	2015	均值
中小板	节能环保	1.00	0.77	0.82	0.80	0.77	0.83	0.84	0.76	0.82
	新一代信息技术	1.00	0.91	0.83	0.89	0.80	0.75	0.79	0.80	0.85
	生物	0.82	0.70	0.78	0.81	0.89	0.80	0.87	0.87	0.82
	高端装备制造	1.00	0.90	0.77	0.76	0.84	0.86	0.82	0.80	0.84
	新能源	0.84	0.74	0.97	0.81	0.84	0.84	0.80	0.70	0.82
	新材料	0.90	0.78	0.85	0.91	0.76	0.73	0.78	0.76	0.81
	新汽车汽车	1.00	0.97	0.76	0.84	0.85	0.81	0.83	0.65	0.84
	战略性新兴产业	0.94	0.82	0.83	0.83	0.82	0.80	0.82	0.76	0.83
创业板	节能环保			0.74	0.75	0.91	0.84	0.79	0.86	0.83
	新一代信息技术			0.93	0.85	0.81	0.85	0.90	0.88	0.87
	生物			0.97	0.92	0.85	0.96	0.84	0.82	0.89
	高端装备制造			0.99	1.00	0.92	0.91	0.86	0.91	0.93
	新能源			1.00	0.85	0.75	0.87	0.69	0.91	0.84
	新材料			1.00	1.00	0.96	0.85	0.83	0.82	0.91
	新汽车汽车			1.00	0.79	0.83	0.78	0.87	0.80	0.85
	战略性新兴产业			0.95	0.88	0.86	0.87	0.82	0.86	0.87

注：创业板于 2009 年 10 月 23 日正式开市，因此创业板金融支持效率从 2010 年开始取值。

5.4.2　战略性新兴产业三个板块金融支持效率对比

通过图 5.6 可以发现：2008 年至 2015 年，我国战略性新兴产业三个板块的金融支持效率从高到低依次为：创业板最高，中小板次之，主板最低。从均值变化来看，2008 ～ 2015 年创业板效率均值为 0.86；中小板效率均值为 0.83；主板效率均值为 0.80。

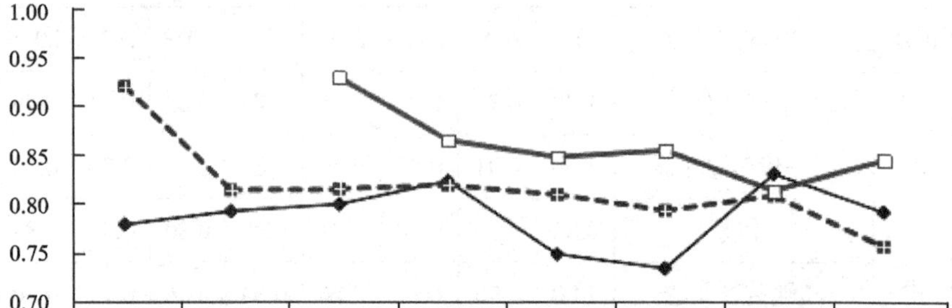

	2008	2009	2010	2011	2012	2013	2014	2015
主板	0.79	0.80	0.81	0.83	0.76	0.74	0.84	0.80
中小板	0.94	0.82	0.83	0.83	0.82	0.80	0.82	0.76
创业板			0.95	0.88	0.86	0.87	0.82	0.86

图 5.6　2008—2015 年战略性新兴产业三个板块金融支持效率变化

数据显示，主板市场是培育发展支柱性战略性新兴产业的最主要资本市场，上市门槛较高、融资规模更大、信息披露严格等都使得主板更容易倾向于对支柱性战略性新兴产业提供融资；中小企业板和创业板作为主板市场的重要补充，主要孵化和孕育先导性战略性新兴产业，凸显出较好的先锋示范效应。

战略性新兴产业创业板上市公司的金融支持效率高于中小板与主板上市公司，可见其在资金资源投入能力与产出转化能力方面较中小板与主板上市公司更具优势。主板上市公司金融支持效率最差，中小板上市公司则居中，出现这种结果的可能原因如下：

1. 创业板上市公司的股东具有更强的资源配置动力

主板上市公司的主要构成部分是国有控股公司，国有控股上市公司虽然资金实力较强，但是其资源配置动力较弱。创业板上市公司是民营控股上市公司的重要根据地，虽然资金实力较弱，但具有更强的资金配置动力，上市刚好一定程度上解决了创业板上市公司资金实力弱的先天劣势，而发挥了资金配置动力的优势，造成了创业板上市公司金融支持效率高于主板上市公司的现状。

2. 集中化战略是创业板上市公司提升金融支持效率的重要措施

创业板严格要求上市公司集中优势培育和发展主营业务，即创业板上市公司必须将有限的资金资源聚焦于形成公司自身核心竞争力。主板和中小板上市公司虽然拥有更大的经营规模和更充足的资金资源等条件，但因同时经营多元化业务，其主营业务的聚焦能力弱于创业板上市企业，导致其资金配置效率明显弱化。

3. 创业板的上市审查严格

创业板的上市审查较为严格，使得只有那些更具技术创新能力的上市公司才能杀出重围，进入资本市场。与其他板块相比，创业板上市公司更注重成长性，而非公司规模。证监会要求主板和中小板上市公司发行后股本不得少于 5000 万，而创业板发行后股本在 3000 万以上即可，但是要求创业板上市公司需近两年连续盈利，累计净利润不少于 1000 万，且有持续增长趋势；或近一年盈利，净利润不少于 500 万，但近两年营业收入增长率需达 30% 以上。证监会对创业板上市公司的要求使得创业板上市公司更重视成长性。即便公司目前整体规模偏小，但一旦具备独特的技术创新优势和市场渠道优势，就能够争取通过创业板上市融资，以获取创业板市场资金的支持，又反过来促进公司技术创新优势的进一步提升。

4. 创业板的退市制度更加严格

证监会明确规定，一旦发现财务报告违规或者造假引发两年净资产为负将直接快速退市。可以说，严格的退市制度促进了创业板上市公司的技术创新和管理提升。因此，创业板的启动为技术创新能力强而缺乏资金的中小企业，尤其是优秀的民营企业提供了重要的融资平台，使其具有充足的资金进行技术创新和经营发展，从而推动整个产业的技术升级和发展。

5.4.3　不同融资方式三个板块金融支持效率对比

1. 债权融资方式下的金融支持效率对比

通过图 5.7 可以发现：从均值变化来看，2008-2015 年创业板效率均值为 0.732；中小板效率均值为 0.689；主板效率均值为 0.684。

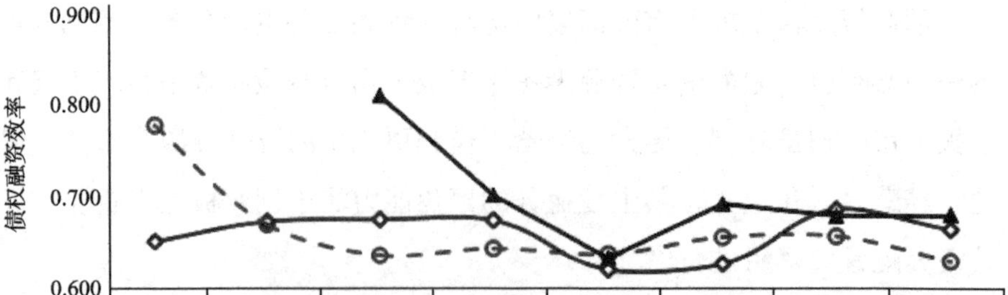

	2008	2009	2010	2011	2012	2013	2014	2015
主板	0.675	0.701	0.704	0.702	0.638	0.646	0.716	0.690
中小板	0.826	0.679	0.657	0.666	0.659	0.680	0.682	0.649
创业板			0.864	0.735	0.653	0.724	0.708	0.710

图 5.7　2008—2015 年战略性新兴产业三个板块债权融资效率变化

2. 股权融资方式下的金融支持效率对比

通过图 5.8 可以发现：2008-2013 年创业板效率均值为 0.698；中小板效率均值为 0.677；主板效率均值为 0.636。总体看来，战略性新兴产业三个板块股权融资效率从高到低依次为：创业板最高，中小板次之，主板最低。

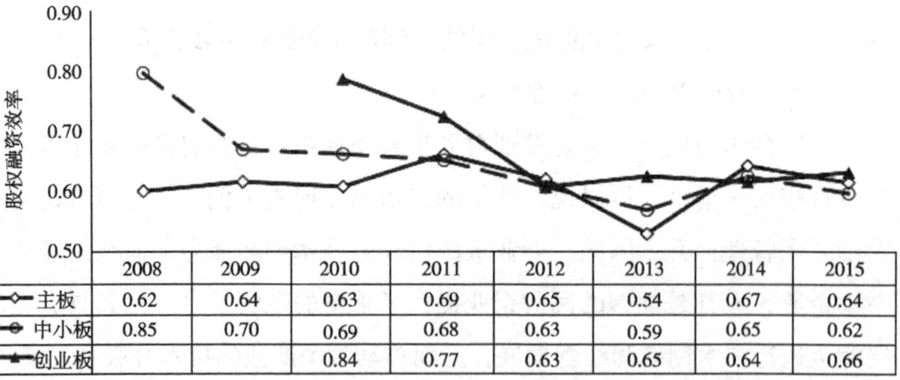

	2008	2009	2010	2011	2012	2013	2014	2015
主板	0.62	0.64	0.63	0.69	0.65	0.54	0.67	0.64
中小板	0.85	0.70	0.69	0.68	0.63	0.59	0.65	0.62
创业板			0.84	0.77	0.63	0.65	0.64	0.66

图 5.8　2008—2015 年战略性新兴产业三个板块股权融资效率变化

5.5　七大领域的金融支持效率测度与分析

5.5.1　节能环保领域

5.5.1.1　节能环保产业金融支持效率分析

通过图 5.9 的节能环保领域金融支持效率年变化趋势图可知，2008-2015 年节能环保领域整体金融支持效率值在 0.79 ～ 0.92 的范围内波动，节能环保金融支持效率呈现“先降后升再降”的波动趋势。具体表现为，2008-2011 年金融支持效率下降，而 2012 年金融支持效率上升，2013 年起金融支持效率再次逐年下降。

图 5.9　2008—2015 年节能环保领域金融支持效率变化趋势图

5.5.1.2　节能环保领域两种融资效率对比分析

通过图 5.10 可以看出：2008 ～ 2015 年节能环保领域上市公司债权融

资效率在 0.65-0.84 之间波动；股权融资效率在 0.61-0.85 之间波动，债权融资效率较股权融资效率更趋于稳定变化，这与债权融资性质，节能环保上市公司不发生重大变化，其银行信贷来源较为稳定，而股权融资则会受市场环境和投资者偏好影响。

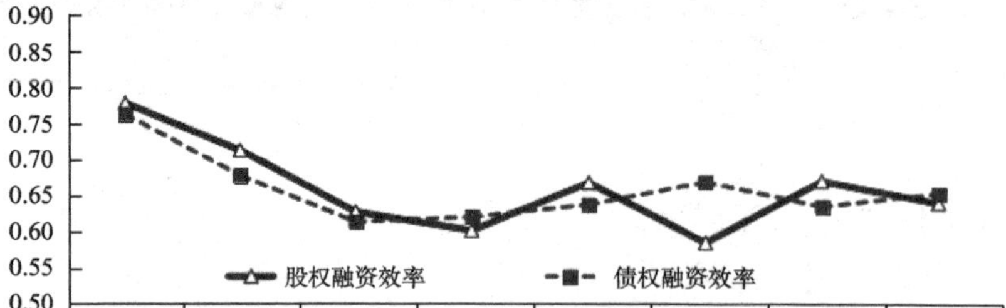

	2008	2009	2010	2011	2012	2013	2014	2015
股权融资效率	0.85	0.77	0.67	0.64	0.72	0.62	0.72	0.68
债权融资效率	0.83	0.73	0.65	0.66	0.68	0.72	0.68	0.70

图 5.10　2008—2015 年节能环保领域两种融资效率变化趋势图

2008-2015 年节能环保领域上市公司股权融资效率均值为 0.708，债权融资效率均值为 0.706，效率整体不高。可见节能环保产业尚未受到资本的青睐。节能环保产业的正外部性特点，使其具有极大的战略价值和社会意义，但也导致其现阶段的经济效益无法直观体现，资金往往流向收益率高的项目，使得节能环保产业金融支持规模小，这严重制约了节能环保产业的项目建设，迟迟无法进入良性发展循环。从金融机构信贷支持方面来看，银监会虽然明确规定商业银行必须发放一定比例“绿色信贷”，但商业银行无法完全落地实施。实际上，商业银行追求利润最大化原则决定了盈利能力不强的节能环保产业无法获得更多信贷支持。

可见，节能环保公司融资方面具有投资周期漫长、资金需求巨大，融资渠道有限等客观特性，因此节能环保产业的发展存在突出的资金瓶颈问题。如果仅仅依据现有单纯依靠银行信贷的投融资机制能力，远远无法满足节能环保产业发展的资金需求。破解节能环保公司融资难的关键还是在于拓展融资渠道，例如政府产业引导基金、私募股权基金及资本市场渠道是未来节能环保产业扩大融资规模的重要参考。

5. 5. 1. 3　三个板块效率对比分析

通过图 5.11 可知：从 2009 年开始，节能环保主板市场的金融支持效率高于中小板和创新板。可见，节能环保主板市场优势明显，中小板和创业板市场金融支持效率还有待提高。

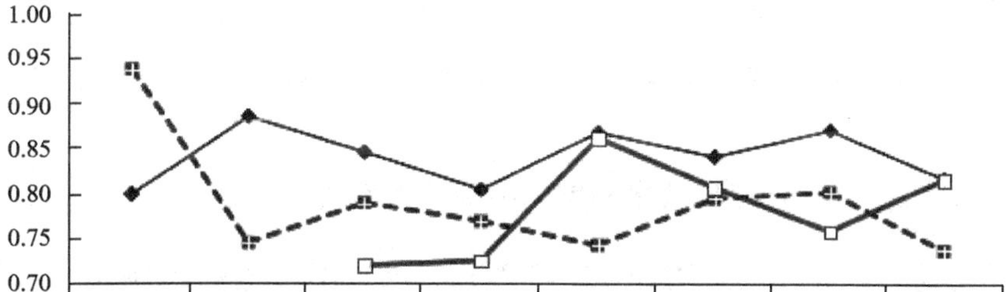

	2008	2009	2010	2011	2012	2013	2014	2015
主板	0.84	0.94	0.89	0.84	0.92	0.88	0.92	0.86
中小板	1.00	0.77	0.82	0.80	0.77	0.83	0.84	0.76
创业板			0.74	0.75	0.91	0.84	0.79	0.86

图 5.11　2008—2015 年节能环保领域三个板块效率变化趋势图

5.5.2　新一代信息技术领域

5. 5. 2. 1　新一代信息技术领域金融支持效率分析

通过图 5.12 可知：2008-2015 年新一代信息技术整体金融支持效率值在 0.75-0.97 的范围内变动，2008-2013 年新一代信息技术金融支持效率呈现“先降后升再下降”。具体表现为，2008-2013 年金融支持效率持续下降，虽在 2014 年金融支持效率有所回升，但 2015 年再度下滑。主要原因在于新一代信息技术属于技术型产业，国家和政府监管力度较大，金融市场资金支持力度还不够，且受创新能力的影响，新一代信息技术领域整体金融支持效率下滑。

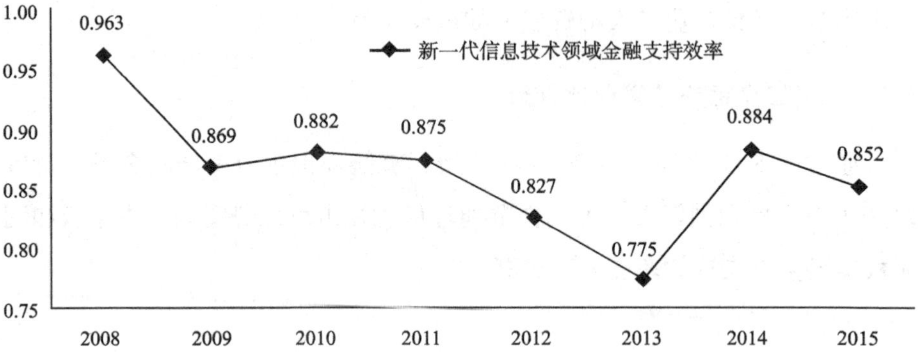

图 5.12　2008—2015 年新一代信息技术领域金融支持效率变化趋势图

5.5.2.2　新一代信息技术领域两种融资效率对比分析

通过图 5.13 可以看出：2008-2015 年新一代信息技术领域上市公司债权融资效率均值为 0.776，远高于股权融资效率均值（0.647）。可见，新一代信息技术上市公司的股权融资效率普遍偏低，应提高股权融资效率。

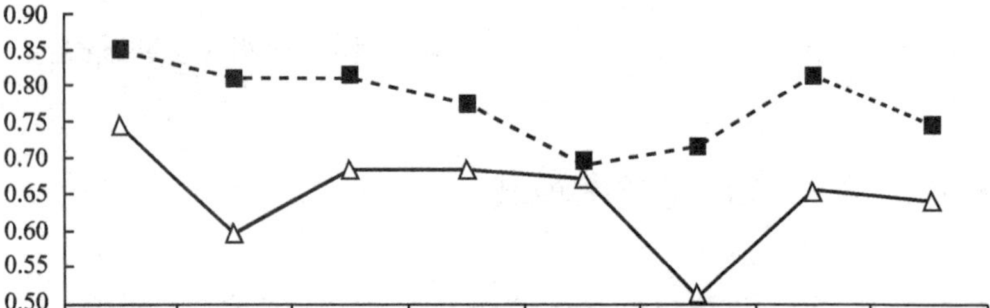

	2008	2009	2010	2011	2012	2013	2014	2015
股权融资效率	0.74	0.59	0.68	0.69	0.67	0.50	0.66	0.64
债权融资效率	0.85	0.81	0.81	0.78	0.69	0.72	0.81	0.75

图 5.13　2008—2015 年新一代信息技术领域两种融资效率变化趋势图

随着战略性新兴产业的发展，我国新一代信息技术发展也进入快速发展阶段，像高性能集成电路等传统电子制造业已属于成熟行业，产业化生产开始逐步实现，产品结构也在不断优化，技术和市场风险都相对有所降低，企业的盈利能力开始显现，行业由发展期开始进入成熟期，此时，低成本的股权融资模式更受到投资方的欢迎。但我国资本市场整体信息不对称严重，制度不健全，股权融资资金利用率低。因此，完善资本市场，实现企业通过上市或并购融资，提高股权融资效率是实现新一代信息技术快速发展的必然要求。

5. 5. 2. 3　新一代信息技术领域三个板块效率对比分析

通过图 5.14 可以发现：从 2010 年开始，新一代信息技术领域主板市场的金融支持效率高于中小板，创业板整体低于主板市场。可见，在新一代信息技术领域，主板市场优势从 2010 年开始逐步显现，这也与国家的鼓励和支持政策分不开。

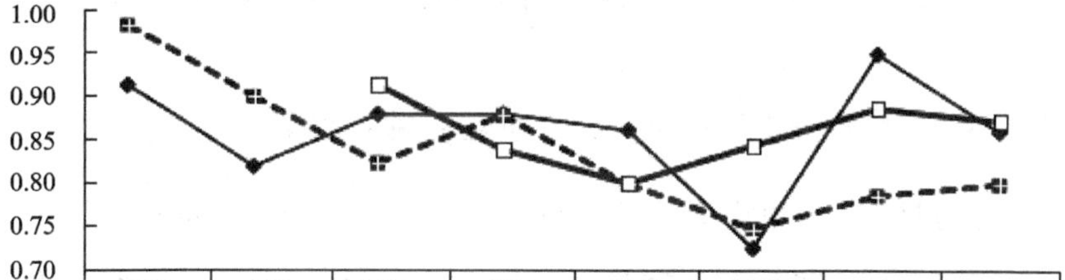

	2008	2009	2010	2011	2012	2013	2014	2015
主板	0.93	0.83	0.89	0.89	0.87	0.72	0.96	0.87
中小板	1.00	0.91	0.83	0.89	0.80	0.75	0.79	0.80
创业板			0.93	0.85	0.81	0.85	0.90	0.88

图 5.14　2008—2015 年新一代信息技术领域三个板块效率变化趋势图

5.5.3　生物领域

5. 5. 3. 1　生物领域金融支持效率分析

通过图 5.15 的生物领域金融支持效率年变化趋势图可知：2008-2015 年生物领域整体金融支持效率值在 0.69-0.86 的范围内波动，生物领域金融支持效率 2010 年以后整体波动幅度较小。具体表现为，2008-2009 年金融支持效率下降，且下降幅度大，在 2008 — 2009 年期间，生物医药行业受到金融危机冲击，也拉低了中国生物产业整体的发展速度；2010-2013 年，生物领域整体金融支持效率处于一个波动状态，波动幅度不大。

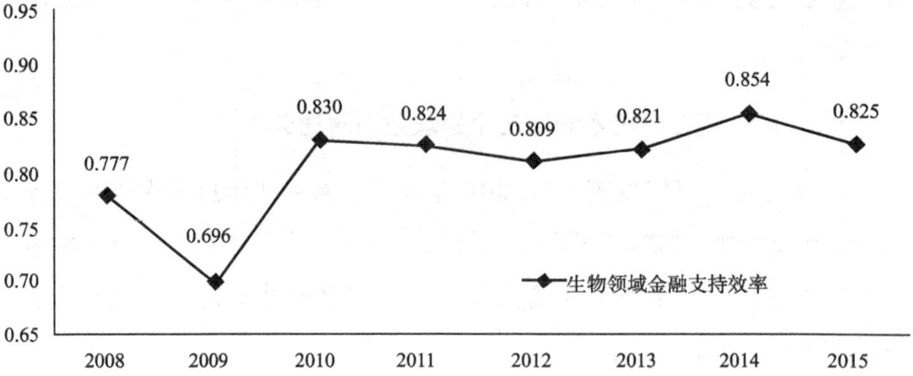

图 5.15　2008—2015 年生物领域金融支持效率变化趋势图

5.5.3.2　生物领域股权融资效率及债权融资效率

通过图 5.16 可以看出：2008-2015 年生物领域上市公司股权融资效率在 0.58-0.70 之间波动；债权融资效率在 0.58-0.74 之间波动，股权融资效率较债权融资效率更趋于稳定变化，这与股权融资性质、生物上市公司不发生重大变化、经营环境较为稳定有关。2008-2015 年生物领域上市公司股权融资效率均值为 0.65，略低于债权融资效率均值（0.67）。

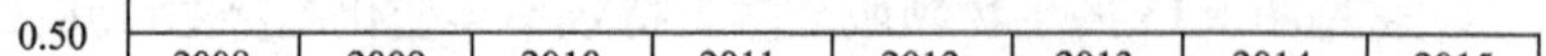

	2008	2009	2010	2011	2012	2013	2014	2015
股权融资效率	0.63	0.58	0.70	0.72	0.62	0.61	0.67	0.69
债权融资效率	0.58	0.61	0.64	0.69	0.71	0.74	0.70	0.70

图 5.16　2008—2015 年生物领域两种融资效率变化趋势图

5.5.3.3　生物领域三个板块效率对比分析

通过图 5.17 可以发现：2008-2015 年，生物领域中小板市场的金融支持效率相比主板市场有较大优势。从均值来看，2008-2015 年生物领域创业板（0.89）> 中小板（0.82）> 主板（0.74），可知创业板和中小板市场在战略性新兴产业生物领域已经发挥示范作用并初见成效。生物领域多为中小企业，民营企业投资较多，资金配置动力大，这也跟这一领域创业板金融支持效率高于主板金融支持效率的现状相符。

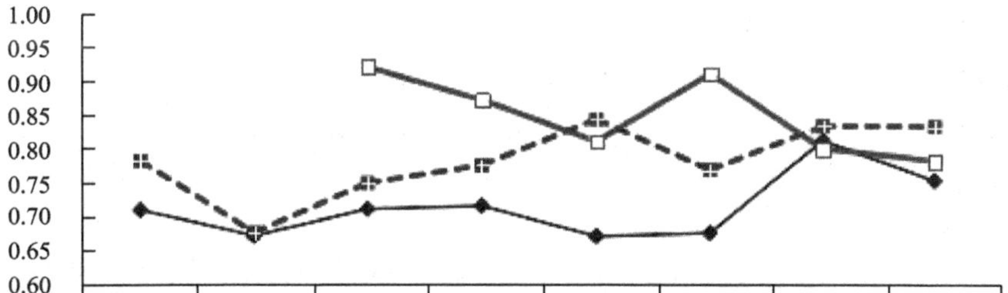

	2008	2009	2010	2011	2012	2013	2014	2015
主板	0.74	0.69	0.74	0.74	0.69	0.70	0.85	0.78
中小板	0.82	0.70	0.78	0.81	0.89	0.80	0.87	0.87
创业板			0.97	0.92	0.85	0.96	0.84	0.82

图 5.17　2008—2015 年生物领域三个板块效率变化趋势图

5.5.4　高端装备制造领域

5.5.4.1　高端装备制造业金融支持效率分析

通过图 5.18 可知：2008-2015 年高端装备制造领域整体金融支持效率值在 0.84-0.94 的范围内波动。高端装备制造业整体金融支持效率变化幅度不大，这也与我国制造业发展基础较为雄厚，受国际影响冲击较小有关。

5.5.4.2　高端装备制造股权融资效率及债权融资效率

通过图 5.19 可以看出：2008-2015 年高端装备制造领域上市公司债权

融资效率在 0.69-0.86 之间波动；股权融资效率在 0.49-0.82 之间波动，债权融资效率较股权融资效率更趋于稳定变化，这与债权融资性质、高端装备制造上市公司不发生重大变化、其银行信贷来源较为稳定等因素有关，而股权融资则会受市场环境和投资者偏好影响。

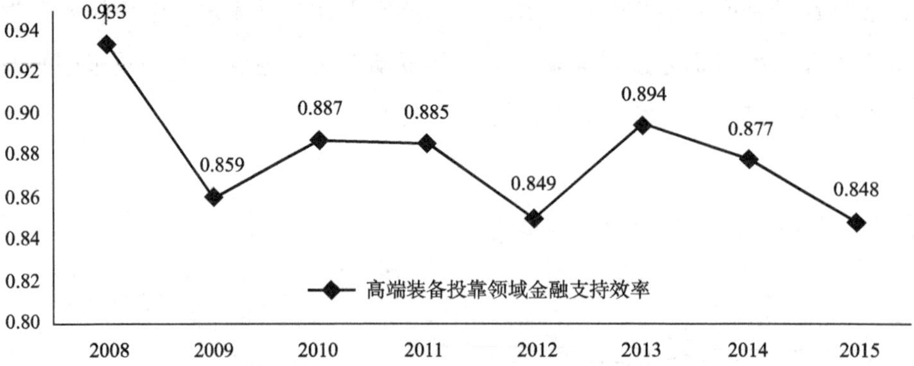

图 5.18　2008—2015 年高端装备制造领域金融支持效率变化趋势图

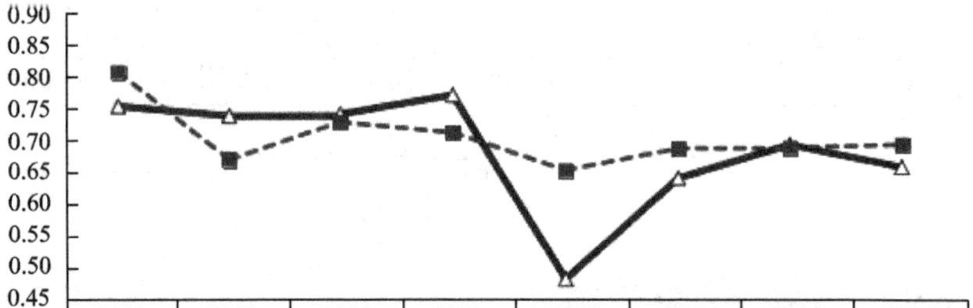

	2008	2009	2010	2011	2012	2013	2014	2015
股权融资效率	0.80	0.78	0.78	0.82	0.49	0.67	0.73	0.69
债权融资效率	0.86	0.70	0.77	0.75	0.69	0.72	0.73	0.73

图 5.19　2008—2015 年高端装备制造领域两种融资效率变化趋势图

2008-2015 年高端装备制造领域上市公司股权融资效率均值为 0.72，低于债权融资效率均值（0.74）。我国高端装备制造业不是没有资金渠道，而是渠道不够畅通，特别是航空航天制造业和高速铁路制造业，这跟行业垄断导致的效率低下息息相关；而海洋工程、智能装备制造业拥有较高的技术门槛，政府尚未针对这些领域颁布特别的激励政策，投资成本和风险双高的特点致使整体行业发展水平相对落后。资本市场具有逐利性，假如高端装备制造效率低下的现状无法得到有效改善，资本市场的资金很难流入这些高投入、低回报的行业。

5. 5. 4. 3　高端装备制造领域三个板块效率对比分析

通过图 5.20 可以发现：高端装备制造领域创业板整体金融支持效率最高（均值为 0.93）；其次为主板（均值为 0.87）；中小板最低（均值为 0.84），可见，由于垄断的存在，导致企业竞争减少，管理能力下降，主板市场和中小板的金融支持效率不如创业板。

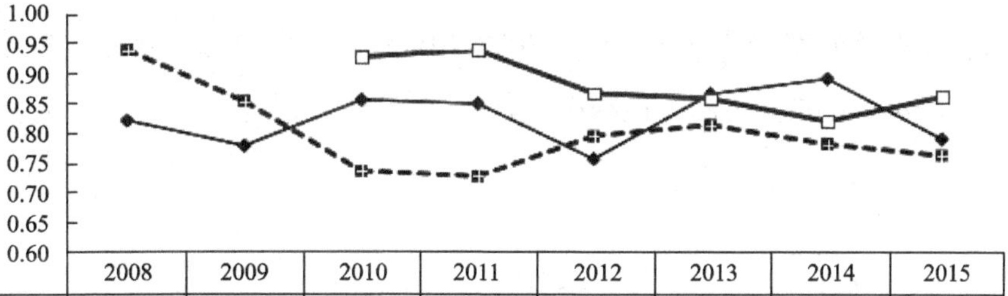

	2008	2009	2010	2011	2012	2013	2014	2015
主板	0.87	0.82	0.90	0.90	0.79	0.92	0.95	0.83
中小板	1.00	0.90	0.77	0.76	0.84	0.86	0.82	0.80
创业板			0.99	1.00	0.92	0.91	0.86	0.91

图 5.20　2008—2015 年高端装备制造领域三个板块效率变化趋势图

5.5.5　新能源领域

5. 5. 5. 1　新能源领域金融支持效率分析

通过图 5.21 可知：2008-2015 年新能源领域整体金融支持效率值在 0.75-0.89 的范围内波动。新能源领域整体金融支持效率在 2012 年以后变动幅度较小，这与国家 2012 年采取的支持政策分不开。

5. 5. 5. 2　新能源领域股权融资效率及债权融资效率

通过图 5.22 可以看出：2008-2015 年新能源领域上市公司债权融资效率

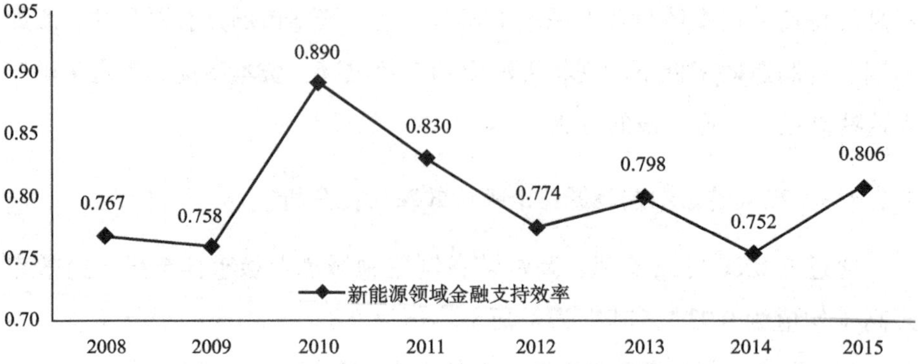

图 5.21　2008—2015 年新能源领域金融支持效率变化趋势图

在0.58-0.83之间波动；股权融资效率在0.62-0.80之间波动，债权融资效率与股权融资效率变化几乎一致。2008-2015年新能源领域上市公司股权融资效率均值为0.69，略高于债权融资效率均值（0.66）。

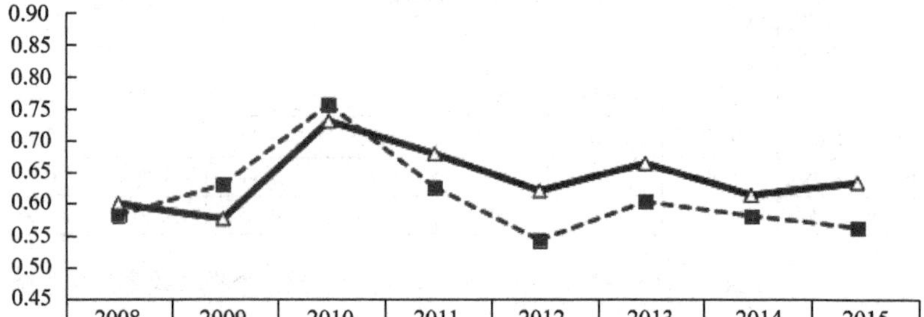

	2008	2009	2010	2011	2012	2013	2014	2015
股权融资效率	0.64	0.62	0.80	0.74	0.67	0.72	0.66	0.68
债权融资效率	0.62	0.68	0.83	0.68	0.58	0.65	0.62	0.60

图 5.22　2008—2015 年新能源领域两种融资效率变化趋势图

5. 5. 5. 3　新能源领域三个板块效率对比分析

通过图 5.23 可以发现：主板市场的金融支持效率较为平稳，波动幅度较小。新能源领域创业板市场的金融支持效率最高（均值为 0.84）；中小板次之（均值为 0.82），主板最低（均值为 0.75）。

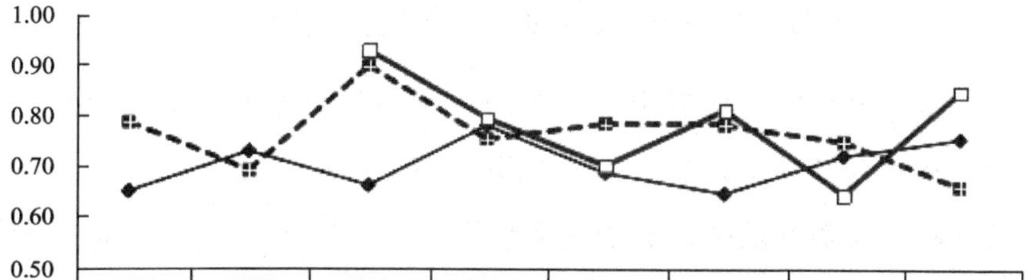

	2008	2009	2010	2011	2012	2013	2014	2015
主板	0.69	0.78	0.70	0.84	0.73	0.69	0.77	0.81
中小板	0.84	0.74	0.97	0.81	0.84	0.84	0.80	0.70
创业板			1.00	0.85	0.75	0.87	0.69	0.91

图 5.23　2008—2015 年新能源领域三个板块效率变化趋势图

5.5.6　新材料领域

5. 5. 6. 1　新材料领域的金融支持效率分析

通过图 5.24 可知：2008-2015 年新材料领域整体金融支持效率值在 0.74-0.90 的范围内波动，新材料金融支持效率呈现“先降后升再降”的波动趋势。具体表现为，2008-2009 年金融支持效率下降，而 2010-2011 年金融支持效率上升，2012 年以后金融支持效率下降。新材料领域金融支持效率在 2012-2015 年较为稳定，波动幅度小。这主要是因为新材料领域行业周期短，新技术推广应用快，因此投资者投资意愿相对其他战略性新兴产业更高，新材料领域上市公司的资金配置能力能够更快得到有效应用。

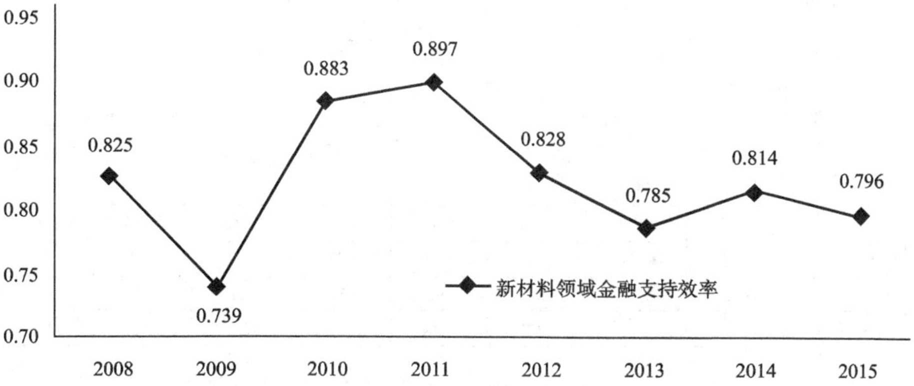

图 5.24　2008—2015 年新材料领域金融支持效率变化趋势图

5. 5. 6. 2 新材料领域的股权融资效率及债权融资效率

通过图 5.25 可以看出：2008-2015 年新材料领域上市公司债权融资效率在 0.59-0.75 之间波动；股权融资效率在 0.57-0.81 之间波动，债权融资效率和股权融资效率的变动趋势较为一致。2008-2015 年新材料领域上市公司股权融资效率均值为 0.68，略高于债权融资效率均值（0.66）。

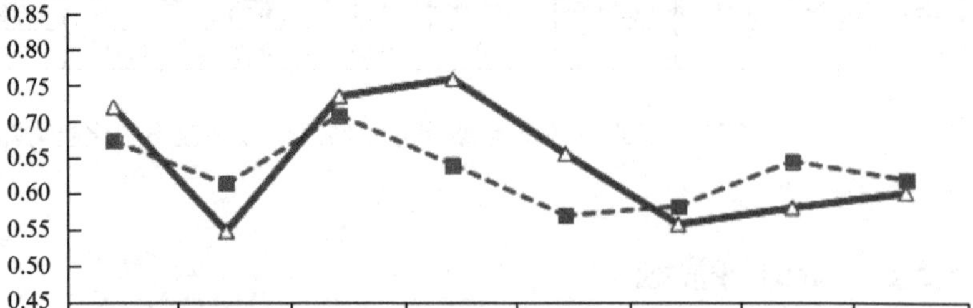

	2008	2009	2010	2011	2012	2013	2014	2015
股权融资效率	0.76	0.57	0.78	0.81	0.69	0.58	0.61	0.63
债权融资效率	0.71	0.64	0.75	0.67	0.59	0.61	0.68	0.65

图 5.25　2008—2015 年新材料领域两种融资效率变化趋势图

5. 5. 6. 3 新材料领域三个板块效率对比分析

通过图 5.26 可以发现：创业板远高于主板和中小板的金融支持效率。这主要是由于新材料创业板上市公司较少，且为优质公司，而主板和中小板上市公司多，且良莠不齐，造成创业板与主板和中小板之间差别较大。

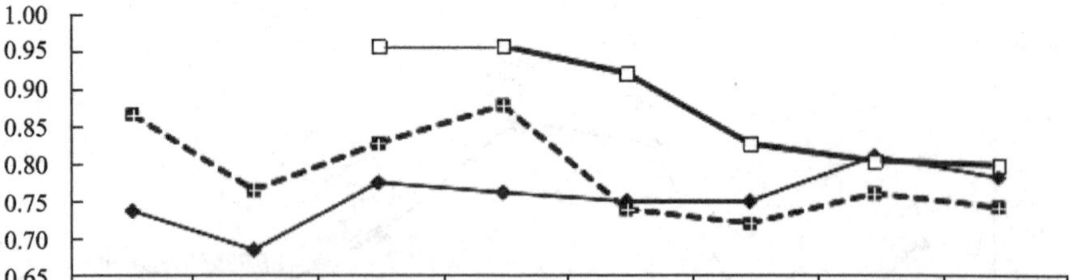

	2008	2009	2010	2011	2012	2013	2014	2015
主板	0.75	0.69	0.80	0.78	0.77	0.77	0.84	0.80
中小板	0.90	0.78	0.85	0.91	0.76	0.73	0.78	0.76
创业板			1.00	1.00	0.96	0.85	0.83	0.82

图 5.26　2008—2015 年新材料领域三个板块效率变化趋势图

5.5.7　新能源汽车领域

5. 5. 7. 1　新能源汽车领域的金融支持效率分析

通过图 5.27 可知：2008-2015 年新能源汽车领域整体金融支持效率值在 0.70-0.92 的范围内波动，新能源汽车金融支持效率呈现“先升后降”的波动趋势。具体表现为，2008-2009 年金融支持效率上升，而 2010-2013 年金融支持效率持续下降，2014 小幅上升，2015 年再度下滑。这主要因为 2009 年新能源汽车概念的提出，市场关注度高，投融资热度提升，促使新能源汽车上市公司融资量大且资金运用更为灵活有效。随着市场热度降温，新能源汽车面临的技术瓶颈及投资风险逐渐凸显，资金缩减且企业发展脚步放缓。

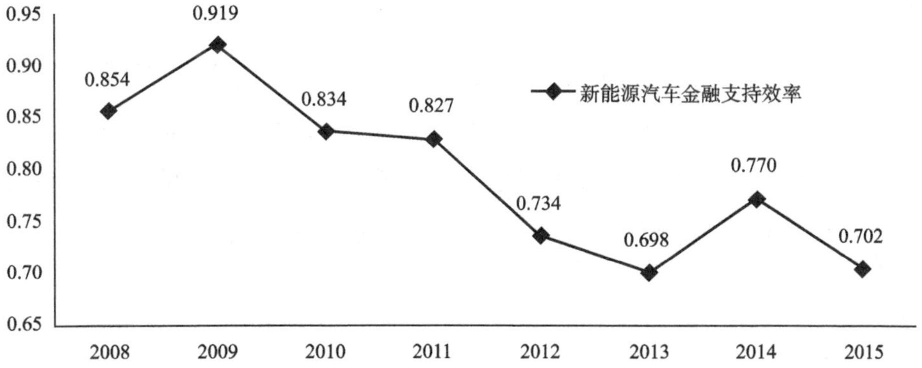

图 5.27　2008—2015 年新能源汽车领域金融支持效率变化趋势图

5. 5. 7. 2　新能源汽车领域的股权融资效率及债权融资效率

通过图 5.28 可以看出：2008-2015 年新能源汽车领域上市公司债权融资效率在 0.62-0.79 之间波动；股权融资效率在 0.46-0.79 之间波动。新能源汽车领域上市公司的债权融资效率较股权融资效率更趋于稳定变化，这与债权融资性质有关，新能源汽车上市公司不发生重大变化，其银行信贷来源较为稳定，而股权融资则会受市场环境和投资者偏好影响。2008-2015 年新能源汽车领域上市公司股权融资效率均值为 0.60，低于债权融资效率均值（0.69）。

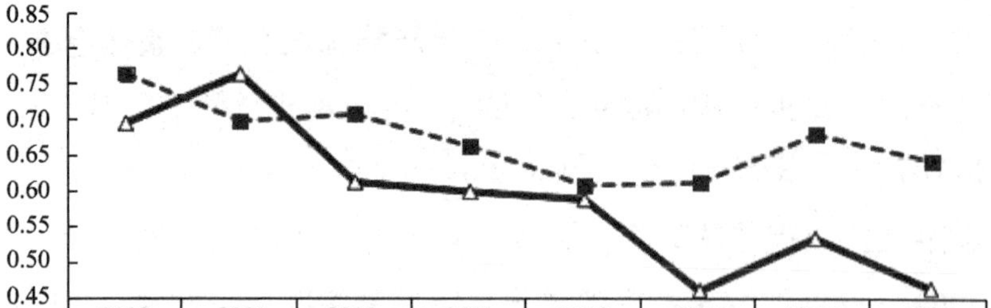

	2008	2009	2010	2011	2012	2013	2014	2015
股权融资效率	0.72	0.79	0.63	0.61	0.60	0.46	0.54	0.46
债权融资效率	0.79	0.72	0.73	0.68	0.62	0.63	0.70	0.66

图 5.28　2008—2015 年新能源汽车领域两种融资效率变化趋势图

5. 5. 7. 3　新能源汽车领域

通过图 5.29 可知：整体上新能源汽车创业板市场的金融支持效率（均值为 0.85）高于中小板市场（均值为 0.84），中小板市场又高于主板市场（均值为 0.68）。可见，新能源汽车主板市场劣势明显，新能源汽车主板市场上市公司应加强管理能力，使资金存量得到更好的配置。

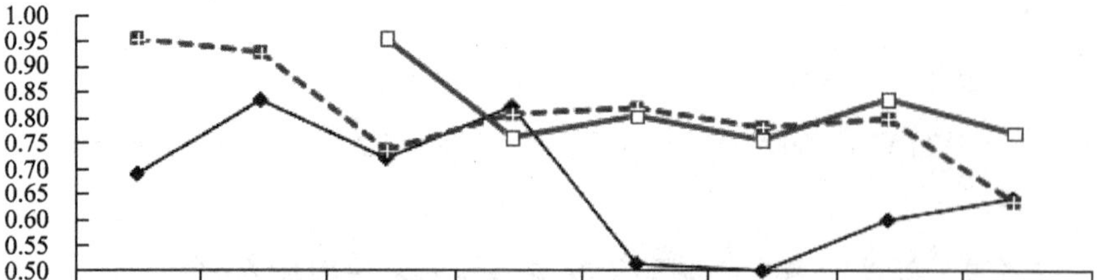

	2008	2009	2010	2011	2012	2013	2014	2015
主板	0.71	0.87	0.74	0.85	0.52	0.50	0.61	0.66
中小板	1.001	0.97	0.76	0.84	0.85	0.81	0.83	0.65
创业板			1.00	0.79	0.83	0.78	0.87	0.80

图 5.29　2008—2015 年新能源汽车领域三个板块效率变化趋势图

5.6　本章小结

本章使用战略性新兴产业上市公司投入产出变量的数据，计算出469 家战略性新兴产业上市公司 2008-2015 年的金融支持效率，分析了时间特性和空间特性下金融支持效率的变化，并从两种方式（债权融资和股权融资）、三大板块（主板、中小板和创业板）、七大细分领域分别测度了金融支持效率并进行了全方位的对比分析。2008-2015 年战略性新兴产业的金融支持效率值在 0.8-0.9 范围内波动，战略性新兴产业金融支持效率呈现“窄幅震荡”的趋势。战略性新兴产业上市公司的分布呈现“东强西弱”的现象，但 2008-2015 年金融支持效率均值西部地区最高（0.822）。股票市场支持战略性新兴产业的培育和发展发挥了积极作用，尤其是促进了节能环保、高端装备制造、新材料、新一代信息技术产业的快速发展。2008-2015 年以来，战略性新兴产业三个板块金融支持效率从高到低依次为：创业板最高，中小板次之，主板最低。

第6章

中国战略性新兴产业金融支持效率影响因素的实证分析

根据前文的理论分析，战略性新兴产业上市公司金融支持效率的影响因素分为外部因素与内部因素。其中，外部影响因素主要包括公司结构、竞争结构、股权结构和资本结构等；而内部因素则主要包括融资规模和资本成本。为了探究我国金融支持战略性新兴产业效率的影响因素，本章引入 Tobit 模型对金融支持效率影响因素进行实证分析。

6.1 金融支持效率影响因素指标的选取

外部影响因素客观存在，却又不在样本主观控制范围内，对金融支持效率存在一定影响。本书选取了以下金融支持效率影响因素。

1. 成立年数

公司成立年数是影响金融支持效率的主要因素之一。经营时间越长的公司融资经验越足，管理上也越容易得到投资者的信赖，从而可能带来资本成本的降低和效率的提升。

2. 公司规模

公司规模对上市公司金融支持效率有显著影响。因此，战略性新兴产业金融支持效率的测度应考虑公司规模的影响。本书用资产的对数来表示公司规模。

3. 市场竞争

市场竞争也是影响金融支持效率的主要因素之一。本书借鉴朱武祥等（2003）的观点，选择主营业务利润率作为衡量行业市场竞争程度的指标①。

4. 股权集中度

Farooque等（2007）的研究结果显示股权结构是一个外生变量②，股东

① 朱武祥，郭洋.行业竞争结构、收益风险特征与资本结构——兼论股票市场资本风险配置效率及融资监管条件的调整.改革，2003，(2)：57-67.

② Farooque O A，Zijl T V，Dunstan K.Ownership Structure and Corporate Performance：Evidence from Bangladesh.Asia-Pacific Journal of Accounting and Economics，2007，14（2）：127-149.

行为影响金融支持效率的提升，存在两种效应，即“掏空效应”和“支持效应”[①]。孙兆斌（2006）发现金融支持效率与上市公司股权集中度呈显著正相关关系[②]。在本书分析中，拟采用战略性新兴产业上市公司第一大股东的持股比例指标来表示股权集中度。

5. 股权制衡度

股权制衡度是一个涉及上市公司股权结构的概念，多个大股东对公司控制权的分享和互相监督有利于防止关联交易行为的出现，且大股东之间的内部牵制力越强，关联交易发生的概率和涉资规模就越小。通过研究测评，Shleifer and Vishney（1986）得出公司经营绩效与公司股权制衡程度之间存在正向相关[③]；国内学者陈信元、汪辉等（2004）则认为实现股权制衡有助于提升公司价值[④]。本书用“第二和第三大股东持股比例之和与第一大股东持股比例的比值”表示股权制衡度对战略性新兴产业上市公司金融支持效率的影响。

6. 资本结构

企业资本结构决定着企业的资本成本、盈利能力和再融资能力。资本结构的合理化可以使企业发挥资金供给者的监督角色，也可以使资金利用者将融入的资金进行最有效的配置。本书用资产负债率表示资本结构对战略性新兴产业上市公司金融支持效率的影响。

综上所述，本书采取的战略性新兴产业金融支持效率影响因素与本书采取的指标计算方法如表 6.1 所示。

---

① 掏空效应（tunneling effect）即指控股股东可能利用各种渠道侵占上市公司及其他股东的利益，侵占原本属于少数股东的资金等；支持效应（propping effect）即控股股东可能利用原本属于其自身的资金支持企业的发展，并惠及公司和全体股东（Friedman et al, 2003）。

② 孙兆斌. 股权集中、股权制衡与上市公司的技术效率. 管理世界，2006，(7)：115–124.

③ Shleifer A, Vishny R W. Large Shareholders and Corporate Control. Journal of Political Economy，1986，(3)：461–488.

④ 陈信元，汪辉. 股东制衡与公司价值：模型及经验证据. 数量经济技术经济研究，2004，(11)：102–110.

表 6.1　上市公司金融支持效率影响因素指标汇总表

影响因素	指　标
成立年数	测度年度 - 公司成立年度 +1
公司规模	公司资产的对数
市场竞争	主营业务利润率
股权集中度	第一大股东持股比例
股权制衡度	第二和第三大股东持股比例之和 / 第一大股东持股比例
资本结构	资产负债率

6.2　Tobit 模型

DEA 模型是通过比较评价多输入和多输出的 DMU，来测度相对效率，没有考虑环境因素对该效率的影响程度，而 Tobit 模型可以有效弥补这一缺口。

6.2.1　适用性

影响因素分析是以第一阶段的效率值作为因变量，以各个环境因素作为自变量，根据解释变量的系数判断调节变量或环境因素对效率值的影响方向与强度。DEA 方法测算所得的效率值≤1，将该效率值作为因变量则属于受限因变量（即因变量≤1），而 Tobit 模型对于受限因变量的参数估计最为有效。此时若用普通最小二乘法对模型直接回归，参数的估计将是有偏且不一致的。

Tobit 模型作为设限或截取模型中的一个典型代表，其重要特征是，被解释变量的观测受到了某种程度的限制，在某种情况下被解释变量是可以真实观测或无限制的，从而可以取实际的观测值进行相关分析。在 Tobit 回归模型的变量选择上，应该与第一阶段的投入变量不同，选择重要的调节变量或环境因素，这既是 DEA 两阶段法的要求，也是为了找出影响效率的其它重要因素，以区别环境变量与投入变量对效率的影响。

Tobit 模型通常被用来评估外部影响因素对于效率的影响程度，有效消除投入产出指标中未完全囊括的变量对 DEA 综合效率值的影响。

6.2.2 表达式

Tobit 的基本模型表达为：

$$Y_i = \beta_0 + \beta^T X_i + \mu_i \tag{6.1}$$

在模型（6.1）中，Y_i 为被解释变量，表示综合效率，X_i 为解释变量，表示即影响因素值，β^{T} 为估计的参数向量，μ_i 为随机误差。

6.3　样本的统计描述

1. 战略性新兴产业全部样本的统计描述

金融支持效率影响因素的描述统计分析结果如表 6.2 所示。

表 6.2　战略性新兴产业全部样本影响因素的描述性统计量

	平均值	最大值	最小值	标准差
成立年数	18.26	62.00	7.00	5.45
公司规模	22.08	25.52	19.23	0.97
市场竞争	5.50	123.55	–544.73	33.78
股权集中度	31.00	89.99	4.31	14.42
股权制衡度	55.46	199.77	0.66	45.62
资产负债率	40.99	268.09	0.33	22.00

从表 6.2 来看，各影响因素中市场竞争和股权制衡度标准差较大，说明了战略性新兴产业上市公司市场竞争程度和股权制衡方面存在较大差异。此外，战略性新兴产业上市公司的平均成立年数为 18.26 年，可见大部分战略性新兴产业上市公司是拥有 10 年以上经营经验的。公司规模的平均值为 22.08，标准差为 0.97，说明战略性新兴产业上市公司在规模方面差异不大。

2. 节能环保产业样本的统计描述

从表 6.3 来看，节能环保产业上市公司中，在成立年数和公司规模方面，主板最大、中小板次之、创业板最小。在市场竞争力方面，节能环保主板的均值最高，中小板均值最低，说明节能环保主板上市公司的主营业务市场竞争力强，获利水平高。节能环保主板和创业板股权集中度较高，而节能环保中小板的股权制衡度较高。在资产负债率指标上，节能环保主板上市公司资产负债率远高于中小板和创业板，说明主板上市公司的规模效应和竞争能力更被银行等金融机构认可，金融支持向主板上市公司相对倾斜。

表 6.3 节能环保产业影响因素的描述性统计量

	节能环保主板		节能环保中小板		节能环保创业板	
	平均值	标准差	平均值	标准差	平均值	标准差
成立年数	26.85	10.59	17.44	3.81	15.89	4.11
公司规模	22.79	1.20	21.98	0.88	21.66	0.77
市场竞争	22.54	30.50	5.78	8.76	12.84	8.89
股权集中度	32.19	14.92	25.98	10.74	31.02	13.63
股权制衡度	59.73	44.62	67.34	42.74	53.77	42.77
资产负债率	50.03	17.03	38.97	17.63	35.96	15.50

3. 新一代信息技术产业样本的统计描述

从表 6.4 来看，新一代信息技术产业上市公司中，主板、中小板和创业板上市公司成立年数均值均在 10 年以上，主板均值更是有 20 年以上。在成立年数和公司规模方面，主板最大、中小板次之、创业板最小。而在市场竞争方面，创业板的主营业务利润率均值最高（10.5），中小板次之，主板最低，说明新一代信息技术创业板活力更足，且专注于主营业务发展，使得主营业务市场竞争力更强。从股权集中度和股权制衡度来看，主板、中小板和创业板均值相差不大，股权结构较一致。从资产负债率指标来看，新一代信息技术主板上市公司资产负债率高于中小板和创业板，说明主板上市公司的规模效应和竞争能力更被银行等金融机构认可，金融支持相对倾斜于主板上市公司。

表 6.4　新一代信息技术产业影响因素的描述性统计量

	新一代信息技术主板		新一代信息技术中小板		新一代信息技术创业板	
	平均值	标准差	平均值	标准差	平均值	标准差
成立年数	22.67	5.51	18.88	5.22	14.08	3.16
公司规模	22.93	1.16	21.84	0.80	21.54	0.68
市场竞争	5.70	7.64	7.55	11.18	10.50	9.52
股权集中度	22.68	9.50	31.95	14.21	25.31	10.44
股权制衡度	56.41	49.63	52.83	42.24	67.38	41.97
资产负债率	48.53	20.28	38.01	20.83	30.20	18.81

4. 生物产业样本的统计描述

从表 6.5 来看，生物产业上市公司中，从成立年数指标来看，主板、中小板和创业板上市公司成立年数均值均在 15 年以上，主板均值更是有 20 年以上。而在市场竞争方面，生物产业中小板的主营业务利润率均值最高（21.00），主板（6.73）次之，创业板（1.35）最低，说明生物产业中小板主营业务市场竞争力更强。从股权集中度和股权制衡度来看，主板、中小板和创业板均值相差不大，股权结构较一致。从资产负债率指标来看，生物主板上市公司资产负债率高于中小板和创业板，说明主板上市公司的规模效应和竞争能力更被银行等金融机构认可，金融支持相对偏向主板上市公司。

表 6.5　生物产业影响因素的描述性统计量

	生物主板		生物中小板		生物创业板	
	平均值	标准差	平均值	标准差	平均值	标准差
成立年数	22.32	3.18	16.96	3.36	17.78	4.05
公司规模	22.12	0.88	22.15	0.76	21.79	0.69

续表

	生物主板		生物中小板		生物创业板	
	平均值	标准差	平均值	标准差	平均值	标准差
市场竞争	6.73	16.31	21.00	16.34	1.35	34.09
股权集中度	26.93	11.27	36.74	16.89	27.68	12.04
股权制衡度	51.57	36.66	62.52	46.37	67.95	33.62
资产负债率	45.99	18.47	31.15	20.29	28.69	16.41

5. 高端装备制造产业样本的统计描述

从表 6.6 来看，高端装备制造产业上市公司中，从成立年数指标来看，主板、中小板和创业板上市公司成立年数均值均在 15 年以上，主板均值更是有 20 年以上。而在市场竞争方面，创业板的主营业务利润率均值最高（10.58），主板和中小板主营业务利润率均值为负，说明高端装备制造产业创业板活力更足，且专注于主营业务发展，使得主营业务市场竞争力更强；而主板和中小板经营效益并不佳。从股权集中度来看，主板、中小板和创业板均值相差不大，股权结构较一致。从股权制衡度来看，创业板的股权制衡度高。从资产负债率指标来看，新一代信息技术主板上市公司资产负债率高于中小板和创业板，说明主板上市公司的规模效应和竞争能力更被银行等金融机构认可，金融支持相对倾斜于主板上市公司。

表 6.6　高端装备制造产业影响因素的描述性统计量

	高端装备制造主板		高端装备制造中小板		高端装备制造创业板	
	平均值	标准差	平均值	标准差	平均值	标准差
成立年数	20.38	2.74	16.86	7.90	15.67	4.08
公司规模	22.64	1.37	22.05	0.76	21.81	0.52
市场竞争	−2.14	14.29	−16.80	93.50	10.58	7.59
股权集中度	38.72	15.16	33.50	12.34	27.72	11.42
股权制衡度	35.58	40.48	51.19	43.89	71.90	56.61
资产负债率	52.16	17.37	45.51	41.19	28.78	15.60

6. 新能源产业样本的统计描述

从表 6.7 来看，新能源产业上市公司中，从成立年数指标来看，主板、中小板和创业板上市公司成立年数均值均在 15 年以上，主板均值更是有 20 年以上。公司规模方面，主板最大，中小板次之，创业板最小。而在市场竞争方面，主板的主营业务利润率均值最高（7.99），中小板主营业务利润率次之，创业板主营业务利润率均值为负，说明新能源产业主板上市公司能够较充分发挥规模优势，推动新能源主营业务健康发展，而创业板上市公司尚无法将技术创新转化为经济效益。从股权集中度来看，主板最高，创业板最低。从股权制衡度来看，创业板的股权制衡度高。从资产负债率指标来看，新能源主板上市公司资产负债率高于中小板和创业板，说明主板上市公司的规模效应和竞争能力更被银行等金融机构认可，金融支持向主板上市公司相对倾斜。

表 6.7　新能源产业影响因素的描述性统计量

	新能源主板		新能源中小板		新能源创业板	
	平均值	标准差	平均值	标准差	平均值	标准差
成立年数	20.70	3.34	15.87	4.66	16.00	2.49
公司规模	23.06	1.16	22.06	0.78	21.77	0.88
市场竞争	7.99	14.37	5.49	6.16	–24.83	89.68
股权集中度	36.19	18.72	33.80	14.52	21.44	8.45
股权制衡度	48.55	52.27	51.51	42.76	86.67	63.99
资产负债率	51.44	19.28	44.36	18.09	41.49	16.66

7. 新材料产业样本的统计描述

从表 6.8 来看，新材料产业上市公司中，从成立年数指标来看，主板、中小板和创业板上市公司成立年数均值均在 15 年以上，主板上市公司成立年数更是有 20 年以上。公司规模方面，主板最大，中小板次之，创业板最小。而在市场竞争方面，主板、中小板和创业板的主营业务利润率均较低，说明新材料产业主营业务的经济效益尚未体现。从股权集中度来看，主板、中小板和创业板均值相差不大，股权结构较一致。从股权制衡度来看，创业板的股权制衡度高。从资产负债率指标来看，新材料主板上市公司资产负债率高于中小板和创业板，说明主板上市公司的规模效应和竞争能力更被银行等金融机构认可，金融支持相对偏向主板上市公司。

表 6.8　新材料产业影响因素的描述性统计量

	新材料主板		新材料中小板		新材料创业板	
	平均值	标准差	平均值	标准差	平均值	标准差
成立年数	21.73	4.51	17.28	3.80	16.42	2.72
公司规模	22.54	0.63	21.85	0.78	21.54	0.53
市场竞争	2.35	15.96	1.81	19.68	8.03	8.27
股权集中度	30.28	13.78	32.32	12.37	30.90	14.76
股权制衡度	49.93	52.22	39.84	28.47	67.92	54.70
资产负债率	49.73	23.61	37.96	17.94	34.30	12.08

8. 新能源汽车产业样本的统计描述

从表 6.9 来看，新能源汽车产业上市公司中，从成立年数指标来看，主板、中小板和创业板上市公司成立年数均值均在 15 年以上，主板上市公司成立年数更是有 20 年以上。公司规模方面，主板最大，中小板次之，创业板最小。新能源汽车产业中小板的主营业务利润率均值最高（12.29），创业板（10.55）次之，主板（2.23）最低，说明生物产业中小板主营业务市场竞争力更强。从资产负债率指标来看，新能源汽车主板上市公司资产负债率高于中小板和创业板，说明主板上市公司的规模效应和竞争能力更被银行等金融机构认可，金融支持相对倾斜于主板上市公司。

表 6.9　新能源汽车产业影响因素的描述性统计量

	新能源汽车主板		新能源汽车中小板		新能源汽车创业板	
	平均值	标准差	平均值	标准差	平均值	标准差
成立年数	23.50	4.33	16.95	3.72	15.38	1.96
公司规模	22.70	0.76	21.87	1.00	21.41	0.62
市场竞争	2.23	12.08	12.29	13.46	10.55	10.25
股权集中度	34.74	19.92	32.73	15.65	27.28	11.63
股权制衡度	38.34	36.32	50.77	43.10	75.43	43.85
资产负债率	49.19	13.00	39.89	16.39	29.35	14.97

6.4 研究假设

假设 1：公司规模与金融支持效率呈正比

一般而言，大型企业更容易进入长期负债市场，因为大型企业所拥有的有形资产较大，企业破产风险较小。大型企业往往更容易实现内部规模经济，有效地分摊各类成本，化解经营风险；大型企业大多通过"部门经济"(scale economy)培育和获取多元化经营的能力，具有更强的抗压能力。此外，大型企业在资金募集方面具有独特优势，能够在更广的范围内面向更多的社会资源发行股票和债券。因此，假设企业规模与金融支持效率呈正比。

假设 2：市场竞争能力与金融支持效率呈正比

市场竞争能力越强的企业不一定是盈利最强的企业，但一般而言，这样的企业可以获取资金渠道应该越多，即融资的方式越多，融资的能力更强，更易于吸收金融资本。

对我国战略性新兴产业来说，首先由于是新兴行业，它们的发展尚不完善，而且其产生与当前需求紧密相关，对市场的变化十分敏感；其次该行业具有高新技术行业的特征，对技术创新能力依赖大，因此假设市场竞争能力与金融支持效率呈正比。

假设 3：资产负债率与金融支持效率呈反比

企业的发展需要整合大量的资本和社会资源投入，资本密集型行业更甚。合理的资本结构可以使企业发挥资金供给者的监督角色，也可以使资金利用者将融入的资金进行最有效的配置。但是资产负债率过高，将会加大企业的经营风险和偿债风险，降低企业融资效率，因此假设资产负债率与金融支持效率呈反比。

假设 4：股权制衡度与金融支持效率呈正比

股权制衡表现为几个大股东共同分享上市公司控制权，通过相互监督、相互制约，每个大股东均无法独立控制公司决策权。股权制衡的方式既可以实现股权相对集中，又可以有效约束大股东对公司利益侵害的行为。股权制衡度越高，外部股东的监督能力越强，大股东侵害公司利益的能力则越弱，企业价值就越高。金融支持效率是金融资源的配置效率，股权制衡度高的上市公司，监督能力较强，管理水平较高。因此本书假设股权制衡度与金融支持效率呈正比。

6.5 模型构建

基于以上研究假设，构建战略性新兴产业金融支持效率影响因素分析的 Tobit 面板数据回归模型如下公式：

$$E_{it} = \partial_0 + \beta_1 Year + \beta_2 Size + \beta_3 Market + \beta_4 Concentration + \beta_5 Balance + \beta_6 Structure + \mu_{it} \quad (6.2)$$

其中 i 表示 i 家战略性新兴产业上市公司，t 表示 2007-2012 年。FE 表示战略性新兴产业上市公司纯技术效率；Year 表示公司成立年数，Size 表示公司规模；Market 表示公司市场竞争；Concentration 表示股权集中度；Balance 表示股权制衡度；Structure 表示资本结构；μit 为残差。

6.6　实证结果及分析

如表 6.10 所示，金融支持效率具体影响效应分析如下：

表 6.10　金融支持效率 Tobit 模型估计结果

自变量	因变量（金融支持效率）
常数项	2.053559*** （0.0000）
成立年数	0.007863** （0.0172）
公司规模	-0.058258*** （0.0042）
市场竞争	0.001941*** （0.0008）
股权集中度	0.000874 （0.5552）
股权制衡度	0.000649 （0.1727）
资产负债率	-0.002253** （0.0274）

注：***、**、* 分别表示在 1%、5% 和 10% 的水平上显著；括号内为 P 值。

（1）成立年数对金融支持效率显著为正，说明战略性新兴产业上市公司成立年数越久，在资金募集和管理运作方面更具有经验，因此浪费更少，金融支持效率越高。

（2）公司规模对金融支持效率显著为负，可以认为，公司规模较大的战略性新兴产业上市公司的在经营过程中资金管理能力较差，导致了资金资源的利用效率降低；此外，大公司盲目追求发展速度，忽视了技术和效益水平的整体提升，导致金融支持效率的降低。

（3）市场竞争对金融支持效率显著为正，说明市场竞争能力越强的战略性新兴产业上市公司更能够活用融资规模来实现有限资源的有效配置。

（4）股权集中度和股权制衡度对金融支持效率的影响为正向，可见股权结构越合理，金融支持效率越高。

（5）资产负债率对金融支持效率显著为负，说明战略性新兴产业上市公司的资本结构尚不合理，适当降低资产负债率，促进资本结构合理化才能实现金融支持效率的提升。

6.7　本章小结

本章旨在探究我国金融支持战略性新兴产业效率的影响因素。在指标方面，选取综合效率作为衡量战略性新兴产业金融支持效率指标。该指标在测度上市公司金融支持效率方面更具有代表性，且在计算时考虑了规模报酬可变的因素。Tobit 模型通常被用来评估外部影响因素对于效率的影响程度，有效消除投入产出指标中未完全囊括的变量对 DEA 综合效率值的影响。因此，本章运用 Tobit 模型对金融支持效率影响因素进行实证分析。计量结果表明，公司成立年数、市场竞争、股权集中度和股权制衡度对金融支持效率产生显著为正的影响，而公司规模和资产负债率对金融支持效率的影响显著为负。

第7章

提升中国战略性新兴产业金融支持效率的政策建议

根据实证研究结果，本章从改善金融支持体制、缩小区域发展差异、提升股权融资效率和提高债权融资效率、利用外资驱动等五个方面提出提升战略性新兴产业金融支持效率的政策建议。

7.1 构建市场与政府协同作用的金融支持体制和服务体系

1. 完善资本市场的市场化运行机制

市场化运行的资本市场才能让金融资源流向具有高效率的战略性新兴企业。想要市场主导来配置金融资源以推动战略性新兴产业发展，政府应改善金融支持体制：（1）确立战略性新兴企业作为投资主体地位。政府可以考虑将项目投资审批转变为项目投资备案，提升战略性新兴企业投资独立性和效率①。（2）提供政策和法律支持。严格根据战略性新兴产业发展规划落地实施进度，完善法律法规，明晰和保护金融支持主体和战略性新兴企业主体的产权。（3）适当放开准入限制。创造较为宽松的条件促进民间资本涌入资本市场。（4）完善资本市场监管机制。执行严格的信息披露制度和约束机制，推动资本市场向有效市场目标发展，优胜劣汰的竞争机制淘汰竞争力低的企业，使得优秀企业能够进入资本市场获得金融支持。

2. 健全战略性新兴企业孵化器的金融支持机制

当市场失灵时，政策性金融支持应发挥作用。孵化器是政策性金融的重要实施手段。孵化器可与互联网结合，形成网络融资平台，通过发布企业技术创新能力、市场发展前景等信息，吸引资本市场金融支持方前来实地考察和项目投资。

① Keith E.Maskus R.How national and international financial development affect industrial R&D.European Economic Review.2012，56：72-83.

3. 设立战略性新兴产业投资引导基金

社会资本往往因战略性新兴产业的高风险性望而却步，政府应通过设立产业投资引导基金，既提供资金供战略性新兴产业项目启动，又能通过以身作则的方式吸引更多的社会资本[①]。

4. 金融支持配套措施落实到位

系统性的金融支持配套措施主要包括税收优惠、工商管理等方面。采取税收优惠政策，一方面直接降低了战略性新兴企业的成本负担，另一方面可以提振金融支持主体投资战略性新兴产业项目的信心。工商管理方面，通过简化战略性新兴企业创建、项目建设审批、投资基金运营审批等流程，为战略性新兴企业成立和成长提供便利宽松的工商环境。

① Steffen A, Kasper M N. Ability or Finances as Constraints on Entrepreneurship? Evidence from Survival Rates in a Natural Experiment. The Review of Financial Studies. 2012, 25: 3684–3710.

7.2 推进与区域协调发展战略相匹配的政策性金融支持

地区发展战略性新兴产业，不仅出于对产业利益本身的需求，更是基于区域资源禀赋、产业结构、市场环境、政策体系、社会环境和消费习惯等形成的综合优势。在知识全球流动的今天，即使同一类新兴产业在不同地区也会形成不同的发展路径、模式和绩效。

1. 通过加大研发投入持续优化战略性新兴产业的技术创新环境

战略性新兴产业上市公司的分布呈现“东强西弱”的现象，东部地区多达344家，占了总样本的73%，西部地区仅有54家；而2011-2013年西部地区战略性新兴产业金融支持效率远低于中、东部地区。国家各项科技基金计划应重点部署在战略性新兴产业相关的核心技术研发上，西部地区政府应为自身战略性新兴产业的培育和发展争取更多的金融支持和科技支撑。

战略性新兴产业的发展初期阶段需要持续稳定的金融支持以保证产业的培育和成长，这对于经济发展缓慢、战略性新兴产业基础薄弱的西部地区而言是一条巨大的鸿沟①。因此，政府应适当倾斜政策力度，优化政策性金融支持环境。战略性新兴产业专项资金预算需适当向西部地区倾斜。西部地区各省市研制战略性新兴产业专项资金管理办法，充分利用有限的资

① 李燕，李应博.战略性新兴产业的空间分布特征及集聚动力机制研究.统计与决策，2015，(20)：130-132.

源为战略性新兴产业发展提供金融支持，尤其应针对战略性新兴产业发展的生命周期提供不同的优惠激励政策，不断推动战略性新兴产业健康有序发展[①~②]。

2. 搭建金融支持交流学习平台

西部地区政府可以通过讲座或培训等方式为战略性新兴企业申请专项资金和科技基金提供指导和帮助；也可以召集战略性新兴企业举办交流会，学习借鉴成功获得金融支持的企业经验。

---

① Samila S, Sorenson O. Venture capital, entrepreneurship and economic growth. Review of Economics and Statistics，2011，93：338–349.

② Leora F K. Entrepreneurship and Development：The Role of Information Asymmetries. The world bank economic review，2011，25：1–8.

7.3　完善多层次资本市场体系和股权融资效率提升渠道

1. 鼓励大型战略性新兴企业主板上市

大型战略性新兴企业的整体上市，既拓宽了战略性新兴企业获得金融支持的渠道，又直接扩大了资本市场战略性新兴产业股票市值规模，吸引社会资本重视并加强对战略性新兴企业的金融支持。

2. 破除中小型战略性新兴企业上市融资的制度障碍

战略性新兴产业的培育和发展过程中，由于潜在市场需求逐渐释放，市场上将不断有新成立的公司提供创新产品或服务，呈现百花齐放的态势。但是，每个产业中，中小企业都是较大型企业数量多，中小企业规模小却更灵活的方式补充了大型企业的不足，推动整个行业的发展。中小企业的规模扩张和长久发展均离不开有效金融支持，但由于资产规模受限，无法实现主板上市，因此中小板对于中小型战略性新兴企业具有重要的融资意义。中小板应创新制度，引导更多优秀的中小战略性新兴企业上市，既解决了中小战略性新兴企业融资难的问题，也对自身的产业结构进行优化调整。

3. 规范引导高成长性战略性新兴企业通过创业板获取金融支持

美国纳斯达克市场重点支持高科技公司，推动了科技创新和高科技产业发展，为美国经济转型和经济增长做出了极大的贡献。借鉴美国纳斯达克市场的优秀经验，我国创业板应该成为战略性新兴企业的技术创新和金融支持的重要源泉。因此，我国应该完善创业板，通过市场化的筛选机制，突出有技术创新能力、呈现高成长性的战略性新兴企业，重点支持、规范引导其可持续发展。

7.4　鼓励信贷和债券业务创新

1. 银行加强战略性新兴产业发展信息分析和市场研究

银行应该发挥信息来源广和收集能力强的优势，组建专项工作团队，收集和分析有关战略性新兴产业发展的信息数据，形成战略性新兴产业数据库，进一步提高对战略性新兴产业的支持力度。银行可以对战略性新兴产业进行政策解读，研究总结战略性新兴产业的现状特点、技术水平、发展前景等方面，结合银行自身的信贷政策和能力，加大信贷支持力度和创新信贷方式，以期对于不同战略性新兴产业提供更有针对性的金融支持。

2. 银行成立科技银行业务部提供专门的金融支持服务

科技银行是指专为高科技企业提供融资服务的银行机构，因此，银行助推战略性新兴产业发展，可以采取内部设立科技银行业务部，专门为战略性新兴企业提供金融支持服务。战略性新兴企业属于技术密集型，因此，科技银行业务部应充分考虑战略性新兴企业无形资产占比高、抵押担保困难的特点，完善知识产权质押融资制度，在规避风险的前提下，加大对成长期战略性新兴企业的信贷支持力度。

3. 充分发挥债券市场的融资平台作用

美国的债券市场较为成熟，公司从债券市场获得的金融支持力度远远大于从资本市场获得的金融支持。目前来说债券市场仍处于缓慢发展过程中，以传统行业企业债券为主，缺少高科技产业的债券融资。战略性新兴产业的培育和发展对于资金的需求十分大，仅通过资本市场和银行信贷，也难以充分满足，需拓展金融支持渠道。因此，对于具有一定规模的大型战略性新兴企业，可以适当考虑通过发行债券获得金融支持。

4. 推动中小企业集合债券市场发展

大型战略性新兴企业由于具备经营实力和品牌美誉度等方面的优势，具有独立发行企业债券的条件；但是中小企业债券独立发行的风险较高。因此，推动中小企业集合债券市场发展，拓宽中小型战略性新兴企业融资渠道。

7.5 推进资本项目的开放和外资的有效驱动

1. 鼓励外资参股和成立金融联合公司

推进资本项目开放，放松外汇管制，有利于资本的国际流动。加强与外国战略投资者的合作，鼓励外资参股我国商业银行，通过多种途径弥补我国商业银行资本的缺口，保证银行的资本充足率，并提升国内商业银行项目投资评估与管理的技术水平。用政策便利，允许和鼓励由外资金融机构牵头，数家甚至数十家金融机构联合成立大型金融公司，整合实力和资源，专门针对一些投资大，周期长，风险大的新兴产业或项目进行联合投资。在降低投资者金融风险的同时，引入国外金融机构的项目评估与投资管理水平，加强对产业或项目发展的激励约束，提高对战略性新兴产业及其项目的支持效率。

2. 放宽 QFII 准入限制并引导外资向战略性新兴产业倾斜

放宽管制，允许机构投资者入驻国内证券市场，并积极引导其向战略性新兴产业倾斜。不仅能壮大对战略性新兴产业的资本投入，更有助于引入国外成熟的投资理念，促进战略性新兴产业上市公司提升公司治理水平，发挥外资驱动效应，促进资源的有效配置。

7.6 本章小结

本章在前述理论研究与实证分析的基础上，提出需要多角度、全方位地系统推进战略性新兴产业金融支持效率的提升。具体来说，提出了五条针对性的政策建议：一是明确政府和市场支持的边界，改善金融支持体制；二是优化政策性金融支持环境，缩小区域发展差异；三是完善多层次资本市场体系，提升股权融资效率；四是鼓励信贷和债券业务创新，提高债权融资效率；五是推进资本项目开放，利用外资驱动提升资本支持效率。

结　论

培育和发展战略性新兴产业，对于促进经济向创新驱动、内生增长转变具有重要的战略意义。节能环保、新一代信息技术、生物、高端装备制造、新能源、新材料和新能源汽车是我国重点扶持的七大战略性新兴产业。金融支持的力度和效率是决定战略性新兴产业发展程度的关键。论文从战略性新兴产业金融支持方面的文献梳理和现状总结入手，发现目前的研究主要从金融支持战略性新兴产业或科技创新存在的问题出发来提出针对性建议，较少从效率角度来考察战略性新兴产业与金融资本的结合问题。因此，本书结合战略性新兴产业的发展特性和金融支持特点，选取有代表性的投入产出指标和影响因素指标，通过 DEA-Tobit 模型测度战略性新兴产业金融支持效率及其影响因素，从时间特性、空间特性、金融支持方式、三板市场、七大领域等维度进行了比较分析。主要研究结论如下：

（1）我国战略性新兴产业总体发展态势良好，七大细分领域均呈稳定增长趋势。“十二五”期间，我国战略性新兴产业增加值占国内生产总值的比重达到 8% 左右，其增速是同期国内生产总值增速的两倍以上。战略性新兴产业公开的发明专利申请总量呈逐年增长态势，年均增长率 20.08%，但战略性新兴产业的发明专利申请增速低于预期，在发明专利申请数量方面未能发挥科技创新领军者的作用。七大战略性新兴产业各产业均呈增长趋势。新能源汽车产业 2010-2014 年的年均增长率最高，新材料产业、节能环保产业、生物产业、高端装备制造产业、新能源产业的年均增长率稳定在 20% 左右，新一代信息技术产业的年均增长率显著低于其他各产业，只有 15.50%。

（2）战略性新兴产业七大细分领域的金融支持现状存在较强的一致性，各产业面临共同的金融支持困境。主板和中小板部分，战略性新兴产业的债权融资规模大于股权融资规模，债权融资方式是战略性新兴产业主板和中小板上市公司重要的资金来源；各类战略性新兴产业创业板上市公司的股权融资规模较大，很难直接通过银行等金融机构获得金融支持，更倾向于通过资本市场直接融资。各类战略性新兴产业上市公司往往面临共同的金融支持困境，如融资渠道有限且供给能力不足，融资成本偏高等等。

（3）在时间维度上，战略性新兴产业金融支持效率呈现“窄幅震荡”的趋势；在空间维度上战略性新兴产业上市公司的分布呈现“东强西弱”的现象，但西部地区金融支持效率均值最高。2008-2009 年金融支持效率下降，而 2009-2010 年金融支持效率年上升，2011-2013 年金融支持效率呈现不断下降趋势。东部地区优越的上市融资环境吸纳了更多的战略性新兴产业企业的入驻，良好的上市融资环境是吸引战略性新兴产业公司入驻的主要条件之一；而西部地区战略性新兴产业上市公司少而精，优势资源集中。

（4）战略性新兴产业上市公司股权融资效率和债权融资效率的变化趋势基本一致，但整体效率值并不高。2008-2009 年金融危机的爆发导致了效率的下降，后期 4 万亿投资计划的宽松财政政策刺激了股权融资和债权融资的效率提升，但 2010 后随着 4 万亿投资计划的停止，产能过剩和结构性矛盾导致了战略性新兴产业股权融资效率和债权融资显著下降。

（5）战略性新兴产业三个板块金融支持效率从高到低依次为：创业板最高，中小板次之，主板最低。主板市场是培育发展支柱性战略性新兴产业的最主要资本市场，上市门槛较高、融资规模更大、信息披露严格等都使得主板更容易倾向于对支柱性战略性新兴产业提供融资；中小企业板和创业板作为主板市场的重要补充，主要孵化和孕育先导性战略性新兴产业，凸显出较好的先锋示范效应。战略性新兴产业创业板上市公司的金融支持效率高于中小板与主板上市公司，可见其在资金资源投入能力与产出转化能力方面较中小板与主板上市公司更具优势。主板上市公司金融支持效率最差，中小板上市公司则居中

（6）金融支持效率影响因素的 Tobit 模型估计表明，公司成立年数、市场竞争、股权集中度和股权制衡度对金融支持效率产生显著为正的影响，而公司规模和资产负债率对金融支持效率显著为负。战略性新兴产业上市公司成立年数越久，在资金募集和管理运作方面更有经验，金融支持效率越高；公司规模较大的战略性新兴产业上市公司的在经营过程中资金管理能力较差，导致了资金资源的利用效率降低；市场竞争能力越强的战略性新兴产业上市公司更能够活用融资规模来实现有限资源的有效配置；股权结构越合理，金融支持效率越高；战略性新兴产业上市公司的资本结构尚不合理，适当降低资产负债率，促进资本结构合理化才能实现金融支持效率的提升。

（7）提升战略性新兴产业金融支持效率，需要多角度、全方位地系统推进。具体来说，一是明确政府和市场支持的边界，改善金融支持体制；二是优化政策性金融支持环境，缩小区域发展差异；三是完善多层次资本市场体系，提升股权融资效率；四是鼓励信贷和债券业务创新，提高债权融资效率；五是推进资本项目开放，利用外资驱动提升资本支持效率，等等。

鉴于笔者研究能力的有限以及数据的难获取性，本书还存在一些不足之处与尚待进一步深化研究的课题：（1）由于至今仍没有系统权威的战略性新兴产业统计数据，尤其是金融支持相关的统计数据，这导致了论文数据收集的瓶颈所在，本书只好选择战略性新兴产业上市公司群体数据代表产业的数据，这种替代方式可能存在一定的局限性，但对现实问题还是能做出一定的解释。随着战略性新兴产业的发展和完善，有可能出现专门系统的战略性新兴产业金融支持统计数据，将可以根据论文数据模型做出更

加准确的数据分析结果。（2）由于数据获取的难度，本书只选取了 2008-2015 年我国战略性新兴产业上市公司金融支持部分数据进行实证分析，其他如政策性金融支持数据、风险投资数据的获取十分困难，因此，本书主要从股权融资金额和债权融资金额两个不同金融支持方式分析战略性新兴产业的金融支持效率，而政策性金融支持和风险投资金融支持方面是后续研究的方向。

参考文献

[1] Altmann T. DPMS-Desalination Plant Management System. Desalination, 1996,107(1):53-57

[2] Berry O, Grayeff Y. Emerging markets Israel's technology industry as an economic growth engine. Communications of the ACM, 2009, 52(12): 25-27

[3] Binh K B, Park S Y, Shin B S. Financial Structure and Industrial Growth: A Direct Evidence from OECD Countries. European Economic Review, 2005,49: 113-144

[4] Colombo M G, Grilli L. Funding gaps Access to bank loans by high-tech start-ups .Small Business Economics, 2007, 29(1): 25-46

[5] Elton E J, Gruber M J. Optimal Investment and Financing Patterns for a Firm Subject to Regulation with a Lag. Journal of Finance, 1977, 32(5): 1485-1500

[6] Farooque O A, Zijl T V, Dunstan K. Ownership Structure and Corporate Performance: Evidence from Bangladesh. Asia-Pacific Journal of Accounting and Economics, 2007,14 (2): 127-149

[7] H Patrick.Financial Development and Economic Growth in Underdeveloped Countries.Economic Development and Cultural Change,1996,14:174-189

[8] Horvat R, Vurdelja J, Amidzic M. Road Infrastructure Financing

Models. Promet-Traffic & Transportation, 2007, 19(6): 401-408

[9] Keith E. Maskus R. How national and international financial development affect industrial R&D. European Economic Review.2012,56: 72-83

[10] Lancaster L, Baumann C. Mergers and acquisitions basics for the industrial electronics and communications industry. IEEE Industrial Electronics Magazine, 2008,(4):10-12

[11] Leopold S,Paul W W.Estimation and Inference in Two-stage, Semi-parametric Models of Production Processes. Journal of Econometrics,2007,136(1): 31-64

[12] Leora F K. Entrepreneurship and Development: The Role of Information Asymmetries. The world bank economic review,2011,25:1-8

[13] Liuyong Yang, Shensheng Mo, Anqi Zhou. The Financial Structure and High- Tech Industries Development in China. 2010 ISECS International Colloquium on Computing, Communication, Control and Management, 2010

[14] McKinnon R I. Money and Capital in Economic Development. Brookings Institution Press, 1973

[15] Oliveira M, Maia P. The industrial risk management in power generation in a liberalised market context. Safety and Reliability for Managing Risk, 2006,(11): 2197-2201

[16] Reedman T, King D, Malaviarchchi P. The economic case for satellite servicing:International Astronautical Federation. International Astronautical Federation,2004,12(4):112-135

[17] Rizov M. Corporate Capital Structure and How Soft Budget Constraints May Affect It. Journal of Economic Surveys, 2008, (4):

648-684

[18] Samila S, Sorenson O. Venture capital, entrepreneurship and economic growth. Review of Economics and Statistics,2011,93:338-349

[19] Schienstock G, Tulkki P. The fourth pillar An assessment of the situation of the Finnish biotechnology. Small Bussiness Economics, 2001,17(2):105-122

[20] Shaw E S. Financial deepening in economic development. London: Oxford University Press, 1973

[21] Shleifer A, Vishny R W. Large Shareholders and Corporate Control. Journal of Political Economy, 1986, (3): 461-488

[22] Steffen A, Kasper M N. Ability or Finances as Constraints on Entrepreneurship? Evidence from Survival Rates in a Natural Experiment. The Review of Financial Studies. 2012,25:3684-3710

[23] Szabo S, Jager W A, Szabo L. Risk adjusted financial costs of photovoltaics. Energy Policy, 2010,(7): 3807-3819

[24] Westkamper E, Von der Osten-Sacken D. Product Life Cycle Costing Applied to Manufacturing Systems. Manufacturing Technology, 1998,(1): 353-356

[25] Weston J F, Brigham E F. Managerial Finance. Hinsdale: Dryden Press,1981

[26] Wonglimpiyarat J. Venture capital management towards the leading biotechnology centre of Canada. International Journal of Technology, Policy and Management, 2010, 10(4): 360-374

[27] 步晓宁，黄如良 . 战略性新兴产业的融资困境与担保体系重构 . 改革，2013，(9) :33-39

[28] 蔡玲君 . 我国上市公司高科技企业的股权融资效率研究 : 基于 DEA 模型 : [华东师范大学硕士学位论文]. 上海 : 华东师范大学，

2011
[29]曹宇，耿成轩.节能环保产业公司融资效率研究——基于四阶段DEA-Malmquist模型.环境科学与管理，2016，(3):6-10
[30]常建新，邵展翅. 金融助力战略性新兴产业发展的路径.光明日报，2013-12-09
[31]陈晨.银行业支持战略性新兴产业发展的创新、问题与对策.证券市场导报，2013，(6):21-26
[32]陈信元，汪辉.股东制衡与公司价值:模型及经验证据.数量经济技术经济研究，2004，(11):102-110
[33]董冰洁，周培红，买思怡.节能环保产业发展的金融支持研究——基于上市公司数据的实证分析.科技管理研究，2015，(3):34-38
[34]杜王坤.关于我国商业银行战略性新兴产业信贷业务风险分析.中国外资，2012，(7):23-24
[35]杜勇，黄庆华，张卫国.战略性新兴产业微观主体协同创新风险控制机制研究.科技进步与对策，2014，(11):54-58
[36]段世德，徐璇.科技金融支撑战略性新兴产业发展研究.科技进步与对策，2011，(14):66-69
[37]范小雷.发达国家发展战略产业的金融支持路径研究:[武汉理工大学硕士学位论文].武汉：武汉理工大学，2007
[38]谷鑫.论多层次资本市场对战略性新兴产业的促进作用.商业时代，2012，(30):121-122
[39]顾海峰.技术创新下战略性新兴产业升级的金融支持研究.产业经济评论，2014，(4):32-40
[40]顾海峰.信贷体系支持战略性新兴产业演进的机理及政策研究.当代经济研究，2011，(8):78-82
[41]顾海峰.战略性新兴产业发展的金融支持体系及其政策设计.现

代财经，2011，（9）:76-83
[42]顾海峰．战略性新兴产业培育、升级与金融支持．改革，2011，（2）:29-34
[43]顾海峰．战略性新兴产业演进的金融支持体系及政策研究——基于政策性金融的支持视角．科学学与科学技术管理，2011，（7）:98-103
[44]郭丽华，陈立铭．中国新能源产业投资基金融资模式探讨．经济研究导刊，2014，（1）:28-30
[45]郭荣凤．战略性新兴产业上市公司股权融资效率研究：[湖南大学硕士学位论文]．长沙：湖南大学，2012
[46]郭淑娟，常京萍．战略性新兴产业知识产权质押融资模式运作及其政策配置．中国科技论坛，2012，（1）:120-125
[47]韩雪莲，谢里，赵文霞．战略性新兴产业中的企业进入、时机与绩效——基于180家上市公司的实证分析．财经问题研究，2011，（4）:45-52
[48]贺立．中国战略性新兴产业的融资效率研究：[湖南大学硕士学位论文]．长沙：湖南大学，2013
[49]贺正楚，黄颖琪，潘红玉．高端装备制造企业财务竞争力的评价及测度．财经理论与实践，2016，（4）:124-129
[50]洪勇，张红虹．新兴产业培育政策传导机制的系统分析．中国软科学，2015，（6）:8-19
[51]胡海峰，胡吉亚．美日德战略性新兴产业融资机制比较分析及对中国的启示．经济理论与经济管理，2011，（8）:62-74
[52]胡海峰，孙飞．我国战略性新兴产业培育中的金融支持体系研究．新视野，2010，（6）:24-26
[53]胡吉亚．我国战略性新兴产业发展的融资问题研究．中国青年政治学院学报，2013，（6）:108-113

[54]黄海霞，张治河．基于DEA模型的我国战略性新兴产业科技资源配置效率研究．中国软科学，2015，(1):150-159
[55]姜大鹏，顾新．我国战略性新兴产业的现状分析．科技进步与对策，2010，(17):65-70
[56]剧锦文．战略性新兴产业的发展“变量”：政府与市场分工．改革，2011，(3):31-37
[57]匡毅．新能源产业的发展动力资本与金融支持的实证研究．统计与决策，2015，(6):136-139
[58]李传喜，胡筱瑜．我国战略性新兴产业规模结构效率及其优化研究．经济问题探索，2013，(7):82-86
[59]李东霖．沪深两市对战略性新兴产业上市公司金融支持效率研究．新金融，2016，(9):27-31
[60]李东卫．战略性新兴产业发展与金融支持问题研究．西南金融，2011，(4):4-7
[61]李富有，尹海凤．金融支持与我国战略性新兴产业发展实证研究．科技进步与对策，2014，(15):35-41
[62]李海波，肖文东．金融如何支持战略性新兴产业．人民日报，2011-3-31
[63]李京文，王宇纯，杨正东．战略性新兴产业上市公司融资效率研究——以北京市为例．经济与管理研究，2014，(6):74-82
[64]李晶，井崇任．促进高端装备制造业发展的财政税收政策研究．财经问题研究，2013，(4):85-91
[65]李素梅，陈琛，徐继明．我国新能源汽车产业融资效率评价与分析——基于DEA-Logit模型的实证研究．科技管理研究，2016，(18):57-74
[66]李晓华，吕铁．战略性新兴产业的特征与政策导向研究．宏观经济研究，2010，(9):20-26

[67] 李燕，李应博 . 战略性新兴产业的空间分布特征及集聚动力机制研究 . 统计与决策，2015，(20) :130-132

[68] 廖果平，王卫星 . 科技金融支撑战略性新兴产业机制研究 . 科学管理研究，2014，(5) :25-29

[69] 凌江怀，胡雯蓉 . 企业规模、融资结构与经营绩效——基于战略性新兴产业和传统产业对比的研究 . 财贸经济，2012，(12) :71-77

[70] 刘澄，顾强，董瑞青 . 产业政策在战略性新兴产业发展中的作用 . 经济社会体制比较，2011，(1) :196-203

[71] 刘洪昌 . 战略性新兴产业的选择原则及培育政策取向 . 现代经济探讨，2013，(1) :56-59

[72] 刘继兵. 科技金融助推战略性新兴产业发展 . 光明日报，2014-03-19

[73] 刘旭东 . 太原市发展战略性新兴产业阶段性特征分析 . 科技创新与生产力，2012，(8) :30-33

[74] 刘志阳 . 战略性新兴产业主导设计形成机理与竞争策略研究 . 经济社会体制比较，2010，(5) :165-172

[75] 陆国庆，王舟，张春宇 . 中国战略性新兴产业政府创新补贴的绩效研究 . 经济研究，2014，(7) :44-55

[76] 陆国庆 . 战略性新兴产业创新的绩效研究——基于中小板上市公司的实证分析 . 南京大学学报，2011，(4) :72-80

[77] 马珩，李睿欣，周梦娜 . 基于 DEA 的中国新材料产业融资效率研究 . 当代会计评论，2015，(1) :140-150

[78] 马军伟 . 金融支持战略性新兴产业发展的必然性与动力研究 . 当代经济管理，2013，(1) :40-48

[79] 马军伟 . 金融支持战略性新兴产业发展的障碍与对策 . 经济纵横，2013，(1) :94-97

[80] 马军伟 . 我国七大战略性新兴产业的金融支持效率差异及其影响

因素研究——基于上市公司的经验证据．经济体制改革，2013，（3）:133-137
[81]毛路，吴蓓菁．股份制改造、股权结构与上市公司技术效率．经济管理，2006，（6）:19-25
[82]梅兴保．关于金融支持战略性新兴产业发展的调查与建议．中国科技产业，2011，（4）:30-33
[83]莫守忠，王曦，李蓓．发达国家运用知识产权助推战略性新兴产业发展对我国的启示．湖南财政经济学院学报，2012，（2）:5-13
[84]潘娟．战略性新兴产业发展的金融支持作用机制分析．商业时代，2013，（10）:121-122
[85]彭洋．基于创业板市场主导的战略性新兴产业发展研究．湖南社会科学，2012，（4）:153-155
[86]綦鲁明，张亮．美、英、日高新技术产业投融资模式比较及其对我国的启示．经济管理，2009，（7）:151-154
[87]乔小燕，毛东俊．新兴产业股权融资与负债融资支持效率分析——以江苏省新能源上市公司为例．财会月刊，2015，(24):77-80
[88]赛迪顾问股份有限公司．战略性新兴产业融资渠道与选择策略．2010
[89]邵永同，陈淑珍．基于DEA方法的我国上市生物医药企业融资效率实证研究．科技管理研究，2013，（2）:174-178
[90]施平，郑江淮．战略性新兴产业的特征与发展思路．贵州社会科学，2010，（12）:36-39
[91]宋智文，凌江怀，吕惠聪．战略性新兴产业金融风险研究．特区经济，2012，（6）:221-224
[92]孙明．银行间债券市场对战略性新兴产业发展的金融支持研究．产权导刊，2012，（3）:32-35
[93]孙心怡，程贵孙．民营资本支持战略性新兴产业发展的瓶颈与路

径研究 . 商业时代，2013，（8）:1-9

[94] 孙兆斌 . 股权集中、股权制衡与上市公司的技术效率 . 管理世界，2006，（7）:115-124

[95] 唐倩倩，张目，赖辉 . 基于 DEA 的战略性新兴产业金融支持效率评价 - 以生物产业为例 . 贵州工程应用技术学院学报，2015，（2）:119-125

[96] 唐倩倩，张目，张红梅 . 新一代信息技术产业金融支持效率评价及影响因素研究 . 中国企业运筹学第十届学术年会论文集，2015

[97] 王斌，路祖春 . 美国发展战略性新兴产业的最新举措、特点及启示 . 现代经济探讨，2011，（6）:84-87

[98] 王春波，张雪梅，杨帆 . 节能环保类上市公司融资效率评价 . 生产力研究，2016，（6）:35-37

[99] 王大贤 . 发展战略性新兴产业金融支持这条腿太短 . 上海证券报，2011-01-01

[100] 王欢芳，何燕子 . 战略性新兴产业集群式发展的路径探讨 . 经济纵横，2012，（10）:45-48

[101] 王健，张卓 . 金融支持对战略性新兴产业发展的影响——基于中国上市公司的实证分析 . 财经理论与实践，2015，（4）:62-67

[102] 王健，张卓 . 战略性新兴产业发展效率测度与金融支持 . 中南财经政法大学学报，2014，（1）:76-81

[103] 王开科 . 我国战略性新兴产业“阶梯式”发展路径选择 . 经济学家，2013，（6）:21-29

[104] 王涛，刘雪萍，陈志军 . 融资约束对中国新材料产业自主创新的影响 . 中国科技论坛，2015，（8）:111-115

[105] 魏权龄 . 数据包络分析 . 北京 : 科学出版社，2004

[106] 吴艳，张训，翟欢欢 . 战略性新兴产业发展的金融支持研究 . 经济数学，2013，（1）:105-110

[107] 夏震.基于上市公司的我国高端装备制造业融资效率研究:[湖南科技大学硕士学位论文]. 湘潭：湖南科技大学，2014
[108] 肖兴志.战略性新兴产业政府创新基金投向:传统转型企业还是新生企业.中国工业经济，2013,(1):128-140
[109] 谢婷婷，马洁.西部节能环保产业上市公司融资效率及影响因素探究.财会月刊，2016,(24):79-84
[110] 谢婷婷，马洁.西部节能环保产业上市公司融资效率及影响因素探究.财会月刊，2016,(24):79-84
[111] 熊广勤.金融支持战略性新兴产业发展的现状及其作用机制研究.商业经济，2012,(3):3-4
[112] 熊广勤.战略性新兴产业发展的金融支持国际比较研究.现代管理科学，2012,(1):89-91
[113] 熊良俊.以金融为杠杆助推战略性新兴产业腾飞.金融时报，2011-1-10(11)
[114] 熊正德，林雪.战略性新兴产业上市公司金融支持效率及其影响因素研究.经济管理，2010,(11):26-33
[115] 熊正德，阳芳娟，万军.基于两阶段DEA模型的上市公司债权融资效率研究.财经理论与实践，2014,(5):28-35
[116] 熊正德，詹斌，林雪.基于DEA和Logit模型的战略性新兴产业金融支持效率.系统工程，2011,(6):35-41
[117] 徐枫，陈昭豪.金融支持新能源产业发展的实证研究.宏观经济研究，2013,(8):15-19
[118] 徐晓兰.建议设立战略性新兴产业投资基金.中国科技产业，2010,(7):61
[119] 许箫迪，王子龙，张晓磊.战略性新兴产业的培育机理与政策博弈研究.研究与发展管理，2014,(1):1-12
[120] 薛澜，林泽梁，梁正.世界战略性新兴产业的发展趋势对我国

的启示．中国软科学，2013，（5）:18-26
[121] 叶生新，李绍华．金融创新与战略性新兴产业融合发展路径研究．改革与战略，2012，（8）:31-38
[122] 叶翔凤，杨擘．以科技金融创新推进战略性新兴产业发展．中国高新技术企业，2010，（8）:32-34
[123] 于娜．战略性新兴产业发展阶段判析——以新一代信息技术产业为例．科技管理研究，2014，（10）:159-165
[124] 袁青松．支持战略性新兴产业发展的信贷政策研究．宏观经济管理，2011，（5）:51-52
[125] 翟华云．我国战略性新兴产业发展与多层次资本市场构建．财会月刊，2012，（15）:23-25
[126] 翟华云．战略性新兴产业上市公司金融支持效率研究．证券市场导报，2012，（11）:21-25
[127] 张亮．我国节能与新能源行业的金融支持问题．开发导报,2009,（4）:17-20
[128] 张露，古小刚．战略性新兴产业前端培育与风险资本市场政策设计．南方金融，2014，（3）:10-14
[129] 张强，贺立．我国节能环保产业上市公司融资效率研究．求索，2013，（4）:30-32
[130] 张蕊．战略性新兴产业企业业绩评价问题研究．会计研究,2014,（8）:41-44
[131] 赵滨元．融资方式、企业性质对融资效率的影响——基于我国新能源产业的实证研究．商业经济研究，2016，（17）:180-182
[132] 赵守国，孔军，刘思佳．基于DEA模型的陕西上市公司融资效率分析．中国软科学，2011，（11）:245-253
[133] 赵天一．战略性新兴产业科技金融支持路径及体系研究．科技进步与对策，2013，（8）:63-66

[134] 赵玉林，石璋铭．战略性新兴产业资本配置效率及影响因素的实证研究．宏观经济研究，2014，(2):72-79
[135] 郑冲，李彦．商业银行战略性新兴产业信贷策略研究．金融教学与研究，2013，(2):14-17
[136] 郑婧渊．我国高科技产业发展的金融支持研究．科学管理研究，2009，(5):102-103
[137] 钟清流．战略性新兴产业发展思路探析．中国科技论坛，2010，(11):41-45
[138] 周晶．战略性新兴产业发展现状及地区分布．统计研究，2012，(9):24-30
[139] 朱瑞博．中国战略性新兴产业培育及其政策取向．改革，2010，(3):19-28
[140] 朱武祥，郭洋．行业竞争结构、收益风险特征与资本结构——兼论股票市场资本风险配置效率及融资监管条件的调整．改革，2003，(2):57-67
[141] 朱颐和．政府扶持战略性新兴产业风险投资的方略研究．湖北工业大学学报，2011，25(6):58-60

致　谢

时光荏苒、寒暑易节，眼下又近戊戌年夏至。弹指间，从 2011 年金秋领取博士入学通知书至如今，又再次在这千年学府怀中成长六载有半。犹记当初入学时，常常告诫自己：坚持梦想、不可虚度、珍惜机会，早日完成学业！回首走过之岁月，曾欣喜曾担忧，或顺境或逆流，有高涨有低落，也成功也失败。但心中求学信念始终未动，一路坎坎坷坷但却孜孜以求。

终于，本人博士学位论文即将付梓，离摘取心中梦寐以求之桂冠仅一步之遥。大功欲告成之际，思绪万千、百感交集。内心诚惶诚恐仍在，但幸福喜悦之感接踵而至，感激之情油然而生。的确，我之所以能有今天之成绩，离不开我生命里助我之贵人——我的良师、益友和亲人。本想向各位一一书信致谢，又恐文字表达不及各位恩情之万一，顾虑再三，几度作罢，犹豫间未能付诸实施。然现恰逢论文进展到了“致谢”部分，遂吐下文，聊表谢意。

首先谨以最诚挚的敬意衷心感谢我的导师张亚斌教授，是恩师大爱纳我入墙、收我为弟子，我才有了更高的学习成长平台，才有此生这段极为宝贵、幸运之经历。多年来，是恩师以全面系统的专业知识和高超的专业研究水平对我倾囊相授，使得我入墙后开始成为一个探索者。恩师为人谦逊，谈话时学生如沐春风。恩师治学严谨，一丝不苟。他管理工作和教学工作繁重，日理万机。但他再忙再累都始终心系学生、在教育学生上从未有过一丝懈怠。不管是在他假期休息时光、还是在他出差的途中、抑或是在他会议做报告的中场休息时段，只要我有任何疑惑，他都会不厌其烦的给我及时的解答；凡是我遇到的困难，他都会竭尽全力的引导和帮助我找到解决的办法。对于我的论文撰写，大至研究选题、框架和方法，小至名词、概念和语句表达，他都会仔细阅读，提出详细的修改建议。令我深深感动又羞愧难当！正是恩师在本论文的选题、设计、实施和写作等全过程给予了全方位的悉心指导，才使得我有如今的付梓之刻。恩师严谨的治学态度和谦逊的为人品格是我此生最好的表率和教育。导师的再造之恩、栽培之情，本人没齿难忘！

衷心感谢我的另一位导师王良键教授。王老师待人宽厚、待事求真。是王老师的竭力帮助我才有幸进入博士阶段这个更高的学习成长平台。自入学以来，无数次在行政楼办公室，王老师用他的真知灼见和缜密的逻辑为我传道解惑，经常持续数小时，涵盖做人和做学问的知识。是王老师兢兢业业的指导我确定学习计划，孜孜不倦的指导我找到研究领域，不畏艰辛的提供文献阅读资料，成就了我学习期间一些成果的见世。本论文从选题到研究方法的选取到数据处理等，也得到了王老师的精心指导。王老师对本人成长影响深远，此份恩情，铭刻于心！

感谢湖南大学经贸学院的王耀中教授、刘辉煌教授、许和连教授、罗能生教授、陈乐一教授、柯善咨教授、侯俊军教授、李斌教授、胡小娟教授等，中国人民大学财政金融学院的何平教授、岳树民教授、赵锡军教授等以及中国科学院地理研究所的朱晓华教授等为我授业解惑的所有老师。是这个强大的名师团老师们授我知识、传我方法、助我能量、推我起航！

感谢湖南大学经贸学院陶娟老师、黎俊老师、张文静老师、张意湘老师等在我博士生涯中给予培养、支持与帮助的所有老师。是这些老师们默默辛勤的工作，不厌其烦地为我排忧解难、百般照顾，我才能按部就班地学习并不断战胜困难，完成学业。

感谢同窗挚友赵玉奇博士多年来对本人学习与研究的指教和帮助，感谢一起学习生活、一起交流切磋的湖南大学经贸学院 2011 级博士班的所有同学们，是同学们的指点迷津和慷慨相助使得我学有所获并留下了一段无与伦比的美好经历。

感谢我的家人、亲人。感谢我的妻子赵莉女士和女儿刘亦炫在我攻读博士期间始终如一的理解和支持，使得我能潜心学习和研究；感谢我的父母（母亲、父亲在我博士研究生学习期间相继因病去世），他们本人读书不多却很重教，倾其所有、毕生支持我接受教育，接受更高教育。感谢我兄弟姐妹血浓于水的情谊，特别感谢熊正德先生、刘细良女士对我求学路上长期持续的悉心教导和对本人家庭无微不至的关怀与帮助，使得本人及小家庭在各方面不断取得进步。

感谢在百忙之中抽出宝贵时间为我审阅论文、不吝赐教的所有专家和老师！

还要感谢中国纺织出版社的刘箴言女士、陈希尔先生，是她（他）们诚挚帮助使本书最终得以付梓。

感谢千年学府！

感谢有您！

祝福好人一生平安！

刘正桥

2018 年 3 月于长沙麓谷